新自然主義

新自然主義

我是文魯彬，我是台灣人

永續台灣守護者：
聆聽大自然千百萬年的聲音

文魯彬 口述
梁瓊丹 採訪整理

受限於取材與篇幅，這本書無法一一涵蓋、甚至漏掉很多重要的朋友。

儘管書中未能提起，並不等於說不重要、或影響我不夠深遠。相反地，你們一直在我的心中，身影也不時浮現在我腦海。在此，深深表達我的謝意。

在台灣生活的近半世紀，感恩每一位的幫助與陪伴，那個從前的「問題少年」，才能走到今日的「問題阿公」文魯彬。

本書口述者文魯彬將會繼續不定期更新或修改書中部分內容，請隨時掃這個 QRcode，查閱本網站揭露。

目錄

螢野 20 周年影片

PART 1　年少的生命探索

PART 4 回首蠻野 20 年足跡

PART 5　讓我們參與改變

編按：本書所指「環境保護署」、「農業委員會」於 2023 年 8 月 22 日改
　　　制爲「環境部」、「農業部」；由於業已發印，故仍維持舊有名稱。

我所認識的文魯彬

蠻野夥伴　　　　　　　　　　　　　　　　　　（依姓氏筆劃排序）

① 看到彬哥別有趣味的綠色生活

　　印象最深刻的是，有次在路上，Robin 因為沒有帶水壺，就路邊撿了一個白色塑膠杯隨手洗洗使用。當時除了覺得這老闆特立獨行以外，也蠻佩服他這樣不在乎別人眼光。也許因為這樣的身體力行跟自由作風，我從彬哥身上看到的綠色生活，也是別有趣味！

許馨庭（台灣蠻野心足生態協會同仁）

② 堅持守護白海豚逾 16 年

　　2007 年 9 月初的傍晚，我開車去彰化火車站，穿著筆挺的襯衫、說著流利中文的外國人開了我的車門，一上來就怪我遲了 5 分鐘（我中途繞去加油站），我心想「這人好兇」。但是隔天這個好兇的外國人以中文侃侃而談台灣環評法令與實務經驗，真是讓我佩服。自此之後，台灣白海豚的保育之路就加入了由文魯彬領軍的「蠻野心足生態協會」，一路堅持守護白海豚至今。

　　時隔 13 年，我加入蠻野的行列，過往那個好兇的外國人

變成溫和又有耐心的老闆，不變的是，充滿智慧的理念還是讓我始終敬佩。

郭佳雯（台灣蠻野心足生態協會研究員）

③ 赤腳走路感受土地的極簡主義者

我認識的文魯彬是一個很熱愛台灣的新住民，他的所做所為，讓我這個土生土長台灣人都感到十分汗顏。與他共事，一路看著他早年努力協助台灣從特別 301 除名、參加環評委員積極為台灣的好山好水把關、成立台灣蠻野心足生態協會用法律來捍衛台灣環境、成立媽祖魚保育聯盟為台灣白海豚請命…，在在都讓我深刻感受到他對台灣這片土地及海洋的珍視及付出。還有更令我印象深刻的是他常赤著腳走在路上，來感受這片土地。在他的耳濡目染下，我也變成一個隨身帶環保用具的極簡主義者。

陳妙綺（博仲法律事務所資深法務，台灣蠻野心足生態協會會員）

④ 他影響了我的律師生涯，也改變了我的人生

我跟 Robin 熟識，是在 2015 年年底參加蠻野志工開始。而在此之前，已經在雜誌上看過他及所創辦的事務所、蠻野心足的介紹，當時就覺得，好不可思議啊！一個比台灣人更熱愛台灣的外國阿伯 (現在已經是正港的台灣阿伯)，為台灣環境

我所認識的文魯彬

奔走，出錢出力。他的熱情，以及天馬行空的思維，足以感染周遭的人，一起來參與倡議。而他也讓我知道，原來律師行業也可以這麼有意義。謝謝 Robin 帶我進入環境保護的行列，對我來說，他影響了我的律師生涯，也改變了我的人生。

陳憲政（台灣蠻野心足生態協會第 7 屆理事長／執業律師）

⑤ 透過他的眼睛，我重新發現自己

Robin 在我出生那年來台，他年頭來，我年尾生，他曾得意地說：「我比妳早來台灣！」他會氣別人「罵」他「外國人」，認為自己是「台灣人」；愛糾正他人稱中國為「大陸」，認為台灣就是台灣，不是中國的「離島」。透過他的眼睛，我也重新發現自己和國家、與地球間的關係。

蔡雅瀅（台灣蠻野心足生態協會專職律師）

⑥ 以 Roadmap 提醒同仁認知遠景與核心價值

Robin 是個「夢想家」，有夢最美，築夢踏實。他深知若要打造一個理想的環境，不可能獨立完成，於是會先拋出想法。在他的認知裡，經營者應該清楚表達想創造什麼樣的組織，讓有相同理念的同仁選擇加入，於是在事務所初創時他便寫了 Roadmap，當中很清楚傳達遠景跟核心價值。

20 多年前 Robin 也意識到寶島需要好律師，便與有相同使

命的夥伴成立蠻野心足生態協會。自成立以來透過遊說立法、環評監督、環保教育，及訴訟各方面來堅持理想及守護他熱愛的土地。即使在過程中遭遇許多困難，相信 Robin 由衷的感謝與珍惜有這樣一群朋友一起築夢。

譚璧德 Peter J.Dernbach（博仲法律事務所合夥律師，外國法事務律師）

昔日同仁 　　　　　　　　　　　　　　　　（依姓氏筆劃排序）

① 我的第一個律師導師，他讓我想改變世界

考上律師實習結束後，因為想做公益案件，剛好看到蠻野徵人啟事，我就去應徵了！

還記得當時學長跟我說，第一個律師老闆，會影響你很深遠。在執業幾年後，真的，Robin 影響了我整個執業生涯的規劃，也影響了我人生的價值觀！從他身上，我學到利他的價值，也學會了思考，如果我後來對社會真的有些小小微不足道的貢獻，很大部分受到 Robin 的影響！

有一次討論台鹼案，他問我為什麼想辦這個案件，我說居民很可憐，他問我可憐就可以辦嗎？他也很常問我辦案對後代的影響，跟我討論世代正義的問題。轉眼間，我考上律師已經第 20 年，也執業 10 幾年，他問我的問題，常常會在心裡冒出來。也是因為 Robin 和在蠻野工作的緣故，我對公共事務產生

很大的興趣，甚至有次接受記者採訪，我與他的願望都是想改變全世界之類的！

很謝謝 Robin 在我律師生涯的第一步，給我很多的啟發；在人生的道路上，也給我很多不同的想法。願我們在各自的未來，都能夠達成盡力讓世界變得更好的願望！

吳君婷（曾任台灣蠻野心足生態協會專職律師）

②年輕人一定要來蠻野體驗、創造不一樣的人生

在我考上律師後，亂槍打鳥，投了履歷到蠻野心足生態協會。在面試時第一次見到 Robin，光著腳，帶著熱情的赤子之心暢談理念，說真的，大家應該都會覺得這個單位怪怪的。到職之後，逐漸發現，Robin 關心的可不是只有環保議題；只要跟社會議題有關的，都有可能是我們要參與協助的對象。或許是 Robin 對於台灣這塊土地有強烈的歸屬感（Robin 早就是台灣人了），我甚至覺得 Robin 太貪心了，什麼都想做。

在蠻野只任職短短 3 年不到的時間，但跟著 Robin，開拓了我的視野，在枯燥乏味的法律世界，認識到真正的台灣社會，也認識到很多關心台灣社會各領域、各階層的熱心人士，真的很感謝。至今，我還是會抽空幫忙一些公眾議題，也會關心社會上持續發生的相關事件，不再是單純開庭、開會、寫狀的律師。

如果蠻野有職缺，我會鼓勵年輕人一定要到蠻野來體驗一下不一樣的人生，也一定會創造不一樣的人生。

陳柏舟（曾任台灣蠻野心足生態協會專職律師）

③ 有著嬉皮靈魂，自律嚴謹、不屈堅毅、愛逮丸、超龜毛的法律人

Robin，一個有著嬉皮靈魂的法律人～

他自律～騎自行車上班、吃純素食；

他嚴謹～文件規定幾個訂書針，為了秘書穿涼鞋，可以開合夥會議……

他不屈～經過力爭，他是台灣第一個擔任商標代理人的外國人，更別說他為了這塊土地的環保抗爭；

他堅毅～齊麟拆夥時，我早已離開，此事加上後來 Robin 罹癌，多重打擊下，但他硬是與天爭命，至今多年仍為這塊土地奮鬥；

他超愛逮丸的～你身邊應該很多想移民美國的人，只有他放棄美國籍，歸化成中華民國籍……

但是～他吃東西超龜毛，明明吃素但蔥薑蒜辣有的可加、有的不可加，弄錯的結果可能就是要免費。Robin，不只是餐廳，我們壓力也很大ㄟ，現在還會降嗎～

謝震武（知名律師／節目主持人）

我所認識的文魯彬

① 給予生態環境堅定的溫柔

十幾年前，首次與Robin初次見面時，他遞了張名片給我，並讓我留下印象深刻的自我介紹：「這面（律師事務所）是我賺錢的地方」，緊接著換面說：「這是我花錢的地方（蠻野心足協會）」。

當多數人選擇相信環境生態保護與經濟發展存在著本質上的互斥關係時，Robin早已致力於如何讓二者的發展並行不悖；並明確且堅定主張，「經濟、科技及社會發展對環境有嚴重不良影響或有危害之虞時，應環境保護優先」。

當環境法的預警原則、CSR、SDGs乃至ESG等議題已成為顯學、甚至企業贖罪券的今日，Robin早已走在真誠實踐的道路上，始終給予生態環境堅定的溫柔。

王毓正（成功大學法律學系副教授）

② 見證他從很瘦到發福，從意氣風發到低調沉潛

認識文魯彬很早，從他很瘦到他中年發福，從他意氣風發到低調沉潛。他是比台灣人還愛台灣的人，這讓有民族優越感的我，有點小小受不了。他率先成立以法律專業進行環境運動的NGO組織，這對台灣環境運動影響深遠，是一個令人尊敬的台灣人。

何宗勳（台灣公民參與協會理事長）

③ 感謝夥伴同行，留住地球環境與生活品質

回首反國光石化、反中科搶水、反彰南橡膠，十幾年來，文魯彬獨特的臉孔一路陪著我們。他與蠻野的律師同我們站在街頭，用行動證明，我們不是空有理想的環境守護者，而是理想生活的實踐者。所有的理念，都是爲了留給公眾更理想的地球環境與生活品質。很感謝，這一路有夥伴同行，謝謝你，文魯彬。

吳音寧 （作家）

④ 持續堅持環境優先，遠離了高官與富貴

認識文魯彬是一場「浩劫」的開始。那時一起坐在環保署的環評委員席上，他在大會上接到了副院長的電話，顯然是對特定環評案的關切。我們共同表示了憤怒，我們持續堅持環境優先的立場。因爲這些堅持，遠離了高官與富貴，但卻守住了永續常綠的環境。開啓這樣的浩劫，爲了環境正義，是值得的。

周晉澄 （台大獸醫學系名譽教授）

⑤ 他明確提醒我們，這個世界應有的樣貌

文魯彬是一位很有創意、眞誠、且行動力十足的人。

他在 2003 年創立台灣蠻野心足生態協會，用法律手段關心環境議題，和我的理念十分相近。當時我剛好負責台北律師

公會環境法委員會，希望多做一些環境公益事務，文魯彬像一位溫柔堅定的導師，用清楚、進步的目標及理念，提供許多合作議題。從綠建築、有機農業、環評、海岸生態、都市計畫到各式各樣的環境議題，他都明確提醒我們這個世界應有的樣貌，以及如何建構符合生態永續的綠色經濟及法律秩序。我們後來更藉此結合許多關心環境永續的台灣法律人，並共同創立環境法律人協會。

對我而言，文魯彬是我最棒的導師、也是我最好的朋友。

林三加（原理法律事務所主持律師）

⑥ 經歷人生不同的階段，處處都碰到這老兄

認識文魯彬應該有 20 年了吧，最深刻的印象就是他的眼神。

我經歷人生不同的階段，處處都碰到這老兄。他大大的眼睛望著我，或許是質疑，或許是思考，或許是期待；不管我們應對什麼問題，他理性、謙和、有條不紊，和令人驚訝的中文程度，展現出對環保的堅持、深刻的認知和專業的素養。

看過他頂樓的堆肥植栽，你會相信他不像其他人是玩假的。

邱文彥（台灣海洋大學、中山大學 榮譽講座教授）

⑦ 他的環境關懷與雲林有不解之緣

Robin 的環境關懷與雲林有不解之緣，對於 Robin，雲林人充滿感激。

Robin 在雲林環盟重組後，贊助了我們兩年的人事費用，大大地幫助了雲林的環境運動。而 Robin 著名的在環保署遭雲林縣議長蘇金煌攻擊事件，也是爲了雲林台塑大煉鋼廠的環評。我曾經爲了搶救印尼雨林的募款事宜找 Robin 幫忙，希望借用他的聲望來提高台灣環保團體的國際能見度，但是他反問：你認爲台灣的環境問題不夠多嗎？這事讓我知道，要更加努力地讓台灣的環境運動與國際接軌；另外一方面，也顯示出 Robin 全心投入台灣環境保護的熱忱，令我十分感佩。

張子見（雲林縣環境保護聯盟理事長）

⑧ 他是真正愛這片土地的正港台灣人！

認識 Robin 是在反六輕、反國光石化、搶救白海豚、搶救芳苑與大城濕地時。第一次見到他時，他是個頭髮很亂、打著光腳、不喝瓶裝水、特立獨行的老外！而後，與之相處之後，馬上就會發現文魯彬律師實質上是個很好相處、極具環保思維、過著綠色低碳生活，是眞正愛這片土地的正港台灣人！

張恒嘉（黃金蝙蝠生態館館長）

⑨ 如果在日本，NHK 晨間劇一定會拍他的故事

我閣會記得佇「呷米」頭一擺聽著文魯彬先生的故事，我彼陣就隨有一個想法：哇～這若是佇日本，應該會去予 NHK

　　　　　　　　　　　　我所認識的文魯彬

提去寫做あさドラ（晨間劇）才著。這馬聽著講文魯彬先生有前傳新書欲發表矣！誠恭喜！

我毋是講耍笑。文魯彬先生的這本傳記是足需要的。因爲咱除了敬佩伊彼當時的決定以外，嘛誠好奇到底彼陣伊是啥物款的心情？宇宙敢有予伊啥物指示？畢竟，會直接放棄趁大錢的律師事務所，隨共錢攏phiann一入-來完全顛倒反的環保界，這毋是誠濟人做會到的。誠歡喜，我相信咱會當佇文魯彬先生的這本前傳內面揣著答案。

文魯彬先生的大決定毋是干焦影響著伊家己爾，嘛影響咱台灣誠深。自按呢，台灣有一个蠻野心足生態協會爲咱台灣的自然環境拍拚，這攏是台灣的大福氣！

恭喜文魯彬先生！嘛深深感謝！

許慧盈（Momo）（台語正常化推動聯盟創辦人）

⑩ 爲縮短食物里程而改喝台啤

認識 Robin 超過 20 年，當年聽到蠻野心足協會，雖然覺得名字念起來很特別。但是，發現這是台灣第一個由律師組成的環境團體，我認爲環保運動總算有機會不是單靠個別律師，而是有專門的環境律師群投入司法領域，感到特別興奮。還記得當時 Robin 用生澀的國語而不是英語和我交談，回想起來，這確實是他很強烈的特質之一。把自己當成台灣人，而不是一

位來台旅居的美國人。後來他擔任環評委員、投入綠黨、參選，為縮短食物里程而改喝米酒、台啤…在在顯示 Robin 對台灣和環保的赤忱和熱愛。

陳瑞賓（台灣環境資訊協會秘書長）

⑪ 感恩他在環保署幫我擋了一拳 XD

第一次認識文魯彬，是當年要推國土復育條例的時候，之後是國光石化、台塑煉鋼、中科三期、白海豚保育上的合作。尤其是極度瀕危的台灣白海豚的保育工作上，一邊持續與國際保育專家聯繫合作，一邊監督各項開發案環評、同時要辦理各種環境教育活動。當年台塑煉鋼環評，我差點被打，文魯彬律師跑過來掩護，結果他自己被雲林縣議長打，也算是幫我擋了一拳，一直感恩在心 XD。

陳秉亨（台灣媽祖魚保育聯盟創會理事長）

⑫ 一位愛鄉愛土愛台灣的另類綠人

第一次與 Robin 參訪富陽生態公園，從捷運站出口就看到一位把涼鞋掛脖子的外國人，好奇心驅使問他為何有鞋不穿卻是掛脖子，他回答說：接地氣啊！我喜歡土的感覺。

真是一位愛鄉、愛土、愛台灣的另類綠人。

劉麗蘭（看守土城愛綠連盟總幹事／劉老師自然教室負責人）

　　　　　　　　　　　　　　　　　　　我所認識的文魯彬

⑬ 他是極有溝通彈性的環境基本教義派

和他搭飛機要先估算高額碳排，並確實在生活中抵減掉，而不是買贖罪券碳權。在國際會議空檔，他就自在的接地氣倒立作瑜伽。總是在街上不期而遇騎單車的他，他是澈底減少不必要浪費的激進行動派。

在倡議的激烈爭辯中，常為了他不切實際堅持理想而抓狂；但在關鍵時刻他又願讓步被說服，是極有彈性的基本教義派。

潘翰聲（社團法人台灣樹人會理事長）

⑭ 為花蓮人奔走，以原住民觀點打行政訴訟

到底怎麼認識魯彬的，時間久遠，反而記憶模糊了：

在花蓮認識他，當時他還是博仲法律事務所的負責人，問我需要甚麼協助？反對蘇花高時，需要法律人協助，於是他開始積極協助蘇花高議題。

到後來，他深覺需要找到更多專業的律師來投入環境議題，所以成立蠻野心足生態協會。當時反亞泥自救會陷入困境，蠻野心足是第一個站在原住民角度打行政訴訟的專業團體，他是一個即知即行的人。

鍾寶珠（花蓮縣環境保護聯盟）

寫在前面

戀戀台灣情

　　我喜歡打赤腳走在土地上。

　　如果可以選擇的話，我盡量不穿鞋。不論在辦公室、或在野地，能不穿，就不穿，盡量接近土地，用腳感受到大自然在呼吸。

　　我出生在美國威斯康辛州，位在美國的北部、緊鄰五大湖區。那裡有河、有湖、很多的農場，樹林遍布、綠意盎然。

　　或許，從小就生活在大自然裡，來到台灣之後，迷戀這裡的山川、溪流、濕地、海岸、古道等種種原始況味，以及濃得化不開的人情味，讓我的身心靈就此長住台灣。

渾身充滿「魯蛋」的台灣味

　　我是文魯彬，文章的文，粗魯的魯，彬彬有禮的彬。當然，有時候我也會說，是魯肉飯的魯。

　　1954 年，我出生在美國威斯康辛州，父母親給我取名為 Robin J. Winkler。1977 年，那年我 22 歲，第一次來到台灣，開始生活在這塊土地，而且深深愛上它，至今已有 46 年。2003 年，正式放棄美國籍，領取台灣身分證，成為真正台灣人。

　　當然也有很多人，會這樣介紹我：環保鬥士、放下年薪千萬的公益律師，放棄美國籍、深愛台灣的阿兜仔，常年騎自行

車的法律博士，抗癌成功的養生傳奇人物。

的確，這都是我。

但是，我還是喜歡介紹：嗨！我是文魯彬，Robin。既粗魯、又文質彬彬的文魯彬。那有一種強烈對比矛盾的張力，以及，一種很「魯蛋」的台灣味。

接下來，就是關於我，幾十年來的人生轉變，以及那個我所愛的台灣，與之共同經歷成長、面對改變的故事。也是在獨處時分、回首時刻，我才驚覺，我和台灣的過往、現在與未來，緊緊相繫。

因為自然，愛上台灣

我父親本是家庭醫學科醫師，母親是家庭主婦。家中排行老么的我，有兩位兄長、一位姊姊。後來父親到外地進修腦神經專科，照顧我們四個兒女的工作，多賴有一對經營農場的夫婦幫忙照顧，因此我與奶媽一家人極其親密、度過 7 年的快樂童年時光。

記憶中，我和奶媽一家人經常釣魚、餵雞、採集黑藍莓，野生藍莓味道很強烈，有種酸中帶甜的風味。

奶媽一家沒有小孩，對我相當照顧，滿載著源源不絕愛的能量。最開心的是，我還有很多的狗朋友，前後 5、6 隻各自有著自己的名字，牠們有混種的米克斯、德國牧羊犬、聖伯納犬，也有臘腸狗。

我的毛朋友們最喜歡我把手中的皮球擲向遠方，牠們會興奮跳起來、前後狂奔地來回接力。大概是因為農場時光太快樂，每回爸爸開車來接我返家、向奶媽告別，我都難過得掉下眼淚，「奶媽」其實就像是另一個媽媽。

六歲之後，我隨著父母親搬了幾次家，從美國的中北部搬到了西南部的科羅拉多州。那裡景色壯麗，溪流、高山密集，爸爸媽媽熱愛登山、露營、賞鳥，我也跟著他們的腳步，再次享受著大自然的風土懷抱。

我喜歡台灣，或許就是因為「自然」。連綿的山脈、峽谷，靜謐的溪流、山林湖泊，濕地與美麗的海岸線、古道，還有多樣性的物種，都讓我為之著迷。尤其，台灣的山好美，我未曾見過不美的山。

父親已在多年前（2013 年）往生。我手邊唯一留有的父親遺物，是他的賞鳥望遠鏡。拿起望遠鏡，望向遠方雲霧間的山稜線，好像他一直都在。

自 然 小 學 堂

打赤腳好處多多

赤腳踩在草地、泥土、沙灘上，是將地球的電子導入體內，科學研究證實接地具有增加粒線體能量、激發褪黑激素分泌、增強身體免疫力、促進血液循環提升供氧效率等健康效應，可說是人體小宇宙跟地球充電，最快速也最自然。

PART 1

年少的生命探索

曾經，我不知道人生該何去何從，

或是還有什麼目標？

世界之大，我卻好像無處容身。

不過，就在我遇見東方文化，

成了「文魯彬」，

所思所想就漸漸變得不一樣了。

01 ———— 享受自然的撫慰

　　我們一家人都很有本事，偏偏我的成長階段卻好像是「問題小孩」。

　　我阿公是羅馬尼亞移民至美國的猶太人、經濟學家，在《紐約時報》有固定專欄，在 1929 年全球經濟大蕭條之際，他寫了一本批判公債的著作，至今仍被引用參考，算是權威性的學者。

　　我阿嬤則是運動好手，她是紐約市網球比賽冠軍，也很有語言天賦跟音樂才華，至少會九到十個國家的語言，歌聲嘹亮動人，還會彈鋼琴、拉小提琴，我對音樂的喜好應該是遺傳自她。

　　結合了父母雙方的好基因，我爸爸從小到大就是優秀學生，從籃球、棒球、橄欖球、足球到西洋拳，他都很在行，運動細胞相當發達。後來他成為醫生，生活中很有幽默感，女人緣也很不錯，尤其對我蘇格蘭裔媽媽一見鍾情，進而共結連理。

　　反觀成長時期的我，很讓父母親頭痛。

　　從農場回家之後，我心裡面有種無名的空洞，特別是在搬家到西南部的城市後，覺得很多東西被剝奪了，不時就離家出走、試圖流浪，有一次還不小心著火把家中的一樓與地下室都

給燒了。更大一點之後，成績不是特別好、腸胃經常不舒服，也許是生理影響心理，當時與父母親有些疏離，好像只有從大自然中，才能獲得療癒，也才願意參加家庭活動。

在雪地裡安然入睡

那年我 10 歲，第一次登上報紙版面，也是因為太過享受大自然。

在冬日的某個週四假期，一位 30 歲的老師、也是爸爸的好友，加上長我 7 歲的二哥跟我，我們三個人決定一起去附近山裡健行露營，暫定週六或週日返家。

我們居住的地方靠近落磯山山脈，儘管冬天氣候有些冷冽，我們仍興奮地踩著像網球拍般的雪鞋（snowshoes，又稱踏雪板、熊掌鞋，可以避免在雪地陷得太深）。朝山上的小木屋前進，行囊裡備好多日的糧食、睡袋、雨衣，帶著狗朋友，準備一路欣賞白雪覆蓋的山林美景。

那處露營區我們去過很多次，它是二戰之後荒廢的軍事營地，不過大雪後許多登山隊伍留下的標記都已經無法辨識，一時之間，我們選錯了岔路，偏離了小木屋方位，於是乾脆暫且在雪地裡露營。

說是露營，其實是在雪地裡露宿：我將睡袋把自己緊裹、只有臉露在外頭，感受雪花飄在我的臉龐的輕盈微涼。細雪在

空中飄啊飄，醒來時，才發現積雪已經幾乎蓋過我的身體，好驚奇！其實，積雪像是一條奇妙的毛毯，包覆空氣隔絕熱能外擴，所以即便睡在外頭，一點兒也不覺得冷。

清晨起身，我將睡袋上的雪片、松枝抖一抖，老爸的朋友跟二哥已經準備好早餐，我們就地取材生火暖手，火爐上白煙裊裊、伴隨著熱呼呼的咖啡與濃湯香，享受從山下帶上來的戰備糧食，大家開心得不得了。

當日照天光愈見明亮，目的地小木屋其實就在遠方目光可及之處，我們寬了心、衡量最適當路線，決定第三晚再至小木屋歇息，只要順著前方步道行走，剛好可以回到湖邊的出發地。

第一次登上報紙版面

在海拔 3,200 公尺的山上，我跟狗朋友提格（Tigger），拿出背包裡的香草醬（Vanilla），淋在雪片上做成「天然冰淇淋」；早餐有真空炒蛋料理包、培根，中午哥哥則分享罐頭牛肉，每一頓都是暖心餐食，日子相當快活。

就在我們即將回到出發原點，恰巧遇上了一組 20 人的急難搜救隊伍，他們說起山下小鎮早已降下罕見大雪、甚至颳起大風暴，氣溫低至華氏零下 20 度（約為攝氏 -7 度）。而政府有關當局派出這一行人、出動數台雪地摩托車，就是要來搜救

我們與另一名失蹤護士，聽得我們三人全都傻眼。

當時的我既錯愕、又不解：「我們明明就好好的。」但是忘了告訴父母，我們原本就計畫週六或週日回家。

第二天，幾份報紙刊載了一則新聞，斗大標題寫著：「三位雪地健行者，在氣候嚴峻的山區平安獲救。最小的只有 10 歲。」

自 然 小 學 堂

積雪，如同棉花，可以保溫

棉花孔隙高，孔隙中填有許多空氣，而空氣導熱性能差，能夠阻止人體的熱量向外擴散。雪花也是如此，尤其新雪密度低，儲藏在其中的空氣多，具有保溫的效果。但保溫效果會隨著積雪密度變大而下降；尤其，融雪時，反而會倍覺寒冷。

02 ————離家出走，從音樂中找到自我

我喜歡音樂，英倫搖滾、美國爵士、世界音樂，各種類型我都很愛。

因為阿嬤多才多藝，通曉各類樂器，所以也許有點家學淵源、我也為之耳濡目染。我們家不算富有，不過父親是醫生，家境仍能稱得上中等以上，他每個禮拜會把我從農場接到麥迪遜城裡去學鋼琴，直到我們搬到科羅拉多州才停止。

後來，我開始學打鼓。是自己想要學的，不過爸媽也很鼓勵，大概是覺得我終於找到一個「正當」的興趣吧！

嬉皮少年的生命探索

13 歲時，我們又從科羅拉多的丹佛（Denver），搬到另一個城市杜蘭戈（Durango）。我無法適應搬家後的生活，跟老師也處不好、是他們眼中的「問題少年」，從小學六年級到高二，我唸過七、八間學校，有時是自己不喜歡想離開，有時是學校不讓我留下來。

我總在父母睡著後，將音響轉到最大聲量；嘗試留長髮、吸迷幻藥，在腦海中旋轉出百變的絢麗多彩。聽音樂、打鼓、組樂團之餘的課後時光，我會到餐廳打工洗杯子，希望存夠錢

回到丹佛，買一張音樂會的門票。

這也是我第二次登上報紙版面：「六位杜蘭戈高中生因頭髮過長，被拒絕辦理學期註冊。」圖說下方還有一排字：「他們分別是 XXX、XXX……，以及 Robin Winkler。」

想一想，那是一段混亂的歲月，一個年輕人尋找自我的迷惘摸索。很有趣的是，從不論是意外失火、蹺家、吸迷幻藥，自始至終，家裡都沒有人找我談一談。

其實，到丹佛聽演唱會之後，我就打定主意出走到底。

丹佛是當時嬉皮大本營之一，我跟幾個年輕人混居在「公社」，還記得他們一面幫我把原本淡褐色的頭髮染成金黃色，一面卻勸服我趕快回家：「你父親是醫生，起碼還有很多資源。但我們卻是沒有選擇！」

從迷惘中，尋求自我實現

父母對我頭痛至極，後來，我果然被安排去蘇格蘭讀書半年，日子過得還不賴，但跟不上學業。回到科羅拉多州，我第三度逃家，投奔二哥不成，又被爸媽轉送至舅舅家。這回我把在麵包店打工的薪水一次領完，一路豎起拇指朝外、頻頻比出搭便車的手勢，輾轉換了三趟便車抵達芝加哥，借住在一個曾收留中輟生的女孩家中；沒想到才剛外出，與新朋友認識打鬧，就遇上了警察臨檢。

「你幾歲？住在芝加哥哪裡？為什麼證件會在不認識的女生家裡面？」警方直覺事情不單純，必有蹊蹺。

我因為虛報年齡露餡，連「家」的方向，也搞不清楚東南西北，什麼也答不出來。同樣地，被盤問的好心女孩對我的一切也毫無所悉，被質疑兩人關係有點可疑。當時正值感恩節，警察聯繫不上我渡假的爸媽，為了釐清我的身分，警察暫且把我送進「少年觀護所」。

「你做了什麼事？」待在觀護所那晚，隔壁小便的男生轉過頭來問起我。

我說，離家出走。「那你呢？」我反問他。「我砍了我爸媽！」他聲音極其淡定，眼神直視前方。

我有點震驚，腦海中一片空白，但仍沒想過要回家。

嬉皮世代

1960、1970 年代，歐美國家年輕人的反叛行動。以「公社」為形式的集合體、流浪的生活方式，批評西方國家中產階級價值觀，表達出對民族主義和戰爭（特別是越戰，1955-1975 年）的不滿，倡議和平、人權、新聞自由等價值，追求精神解放。

我不知道人生該何去何從？或是還有什麼目標？世界之大，我卻好像無處容身。享用了觀護所感恩節火雞大餐的次日，警方終於聯絡上父母親，直接將我安排送回杜蘭戈。

只是與家庭的爭執、衝突，仍然持續不斷，在一次強烈的情緒爆發之後，我衝向玻璃窗台縱身一躍、搬離了父母家，到河對岸的一處居住，與他們過著有距離、給彼此空間的生活。

自那時候起，我不再一直轉換學校，收斂起溫和外表下的叛逆，開始認真地投入音樂，重拾鋼琴彈奏、學習木琴，偶爾也吹奏口琴。在輕快節奏的木琴敲擊聲中，我彷彿找到自我，既可以助興、可以自娛娛人，結束了社區大學（Community College）的一年生活，之後我順利進入紐約大學（NYU）漢學系就讀，副修音樂。

學 制 小 學 堂

美國學制的社區大學

美國的社區大學或稱為社區學院（Community College）是有學分且授予學位，和台灣強調終身學習的社區大學大不同。兩年制的美國社區大學的專業課程，一來是讓想要進入四年制大學的學生提供兩年大學通識教育，之後進入大學後就可以銜接三、四年級；二來是給想就業的學生提供職訓課程。

03 ——— 漢學薰陶之下，
啟發對西方文化的反省

　　因為喜歡音樂，所以順勢選擇音樂作為副修。但是實際就讀之後，我才發現自己好像沒那麼有音樂細胞。因緣際會選修了一堂「中國現代史」，反而讓我看到自己母國的「真面目」。

　　一直以來，我們都是透過戰爭來了解中國的。近代中國的歷史，等同於受西方帝國主義國家侵略的歷史，我開始反省這塊孕育我成長的「西方文化」出了什麼問題？也因此希望多認識中國文化產生興趣。

　　雖然大家常統稱其為「中文系」，但我認為「漢學系」更貼近我們每日所思所想。課堂上，我們用英文研讀《論語》、《孟子》與《詩經》，也讀《莊子》、《墨子》與《韓非子》等各家經典，探索華人文化核心、領略其內涵之哲學價值。我們也拿起筆墨，習寫書法，靜心沈澱、整理思緒。

紐約大學漢學系老師為我取名：文魯彬

　　我中文名字的「文魯彬」，就是當時漢學系的老師幫我取的。基於每個人都要有一個中文名字，Winkler 的發音是「文」，Robin 就成了「魯彬」，春秋時期齊魯的魯，彬彬有禮的彬，所以「文魯彬」就是這樣來的。感覺得出來，老師學養相當豐

富，或許這也是他對我的期待。

　　老師本身是佛教徒，印象中，他為了讓我們更貼近東方思想與文化接觸，還安排我們到「佛教青年活動中心」練習靜心打坐，享用素齋。那是我們第一次嘗試素食餐點，美味極了！

　　我對中華文化的認識，自歷史脈絡為始，逐漸轉向社會文化反省，愈加想要在思想、信仰與行動上深入。隨著往後生活在台灣的經驗累積與認同，我開始感覺自己才是身在美國的「外國人」，與母國文化格格不入。

祖　籍　小　學　堂

你是哪裡人？你心繫何處？

　　在台灣，每當有人問：「你是哪裡人？」相信最常聽到回答出生地或是祖籍。在台灣的朋友經常會好奇問我：「Robin，你是美國哪裡人？」一開始我的答案常常會說好幾個，包括：我在美國的出生地、在美國搬遷多次而待最久的地方，或者爸媽退休後居住的地方……。但是，現在我會說：「我是台灣人。」

　　不過，其實哪裡人不重要，重要的是你的心繫於何處。

PART 2

台灣，
我的第一家鄉

美國雖然是我出生的地方，

但是在那裡的 20 多年，

我經常四處遷移，沒有所謂的「家鄉」。

現在的我，早已經認定：台灣不是第二家鄉，

而是我的第一家鄉。

01 ─── 美好的土地，美好的人情

　　1976 年，我從紐約大學漢學系畢業。但 70 年代的美國青年，就如同當代時下的台灣年輕人一樣，對未來一片茫然、沒有目標，趁著夏日幾個月的空檔，我先到丹佛大學研修「文言文入門」。

　　那時中國才剛結束文化大革命，對世界的發聲正要開始。中國積極塑造輸出正面形象，我受到其宣傳影響，便計畫之後到北京去進修中文。但是，幾位剛從台灣回來的丹佛教授告訴我：「要學中文，就要到中國文化的最後堡壘——台灣！」

老師說，台灣是中國文化的最後堡壘

　　當時美國與中共尚未建交，台灣等同「自由中國」，即便是在戒嚴時期，仍吸引大批來自歐洲、美國、日本的學者傾慕匯聚，吐納新鮮氣息。除此之外，台灣還有像師大、台大專門提供外國人學中文的語言中心，聽得我好心動！

　　於是，我開始搬出我的拿手絕活兒：教打鼓、當鐘點教師，也到餐廳、酒吧打工調酒，存了幾千塊美金，買張機票，頭也不回地奔向台灣！！

　　1977 年 1 月，我第一次從松山機場（十大建設之桃園機

場直到 1979 年才完工啓用）入境，正式踏上台灣土地。自此，
生活一切都充滿驚奇。

打開感官，愛上台灣

抵達台灣之後，生活的周遭，全是中文，讓漢學系畢業的
我倍感親切興奮，每天 24 小時的所見所聞，全成了我學習的
媒介。老爸愛寫信，所以我固定給爸媽每週手寫一封信報平
安，也紀錄我在台灣的生活。

每天早上 6 點 15 分起來學太極拳，後來還學了武術，週
間到課堂密集學習中文，週末則一個人爬山健行。台灣那時一
片綠色清新，多樣性植物山林圍繞，充滿強烈能量：那是一股
吸納喧囂的靜謐，文明噪音戛然而止，靈魂因之清澈洗滌。

還有，台灣的雨潮濕得好可愛，每回只要台北一下雨，我
就衝去玩水，快樂死了！無論是基隆的雨、陽明山的馬槽溫
泉、木柵指南山區的猴山古道，以及石門老梅北海岸的綠石
槽、綠海藻，都迷人到不行。

不止愛上台灣的風土，台灣最美的風景一直都是人。

我記得當時的室友有位朋友是計程車司機，來自鹿港、深
愛鹿港。好客的他，一聽說我從美國來，便自告奮勇將我們
從台北載去鹿港，堅決不收費用，只希望有機會讓人識得他家
鄉的美、領會這個讓他驕傲的古鎮文風華彩。台灣濃濃的人情

味，以及深愛土地、非分享不可的熱切，深深觸動著我。

此外，做爲學生、身爲外國人的身分，對許多人來說相對「單純」、「可靠」。尤其在戒嚴時期，很多民眾對政府不滿，無處宣洩表達、言論備受管制，他們卻願意將壓抑在心頭的情緒，毫無保留地告訴我，讓我有一種深受信任、極度被需要的滿足感。

見證「中美關係」的轉變

我原本預計停留台灣半年，後來續辦、不斷延長。更沒想到往後護照上，全是台灣入境與出境的時光印記。

那個時候，台北市「中山堂」附近，很多換美金的「黑市」，匯率很不錯，環境也不像現在的水泥空曠「熱島」、燠熱難耐。爲了延長居留，我常常到旁邊的警察局等待核發證明。那時候的公家機關仍是高高在上，每次影印都故意叫你去隔壁文具店自行處理，恕難服務。

仔細翻翻，我的護照也透露「中美關係」轉變的端倪。

我的第一本護照，是 1969 年由美國政府核發，上面有一段耐人尋味的宣示：「本護照持有人禁止進入以下國家地區，包括古巴、中國大陸、北韓與北越。」

然而這個註記，在我 1974 年領到的美國護照，又有了不一樣的「調整」：進入古巴等國禁令始終如一，但中國大陸已

經不再列入旅行入境黑名單，顯示「反共」立場早已動搖。終於，在 1978 年，中美兩國發表建交宣言。

　　儘管中美關係開始有了微妙變化，但並沒有改變我對台灣的喜愛。甚至我逐漸感覺，自己愈來愈像台灣人。美國雖然是我出生的地方，但是在那裡的 20 多年，我經常四處遷移、沒有所謂的「家鄉」。現在的我早已經認定：台灣不是第二家鄉，而是我的第一家鄉。

時　光　小　學　堂

中美斷交

　　1978 年 12 月，美國卡特總統發表與中共建交的宣言，並從當日斷絕與中華民國的外交關係。1979 年元旦，美國與中共建交生效。這也是自台灣 1971 年退出「聯合國」之後，最大的外交挫敗。

02 —————中壢事件，感召成為法律人

　　雖然多數外國人到台灣會先到「師大語言中心」求學，但我自小就愛「與眾不同」，所以我最早是先到「國語日報社」學ㄅㄆㄇㄈ，習得「鷸蚌相爭」、「漁翁得利」（導致後來被雲林縣議長毆打，見第 114 頁）等成語故事。而後幸運申請到以台大為基地的美國「史丹福中心」（美國出資成立的「美國各大學中國語文聯合研習所」，1997 年起重心移到北京清華大學，原處由台大接收為「國際華語研習所」）學習中文。

　　過去，我只熟悉 1949 年前的中國歷史，有關國民政府（美國視其為「流亡政府」）來台後的發展記載則無從了解。因此，初來之際，對台灣族群的自我認同、政治參與、「民主」進程……，完全沒有概念。幸好我的室友是桃園龍潭客家人，他讓我知道，台灣的語言不僅是那種「北京國語」，還有「河洛話」、客家話、很多種類的原住民族語，以及老一輩通用的日本語。

　　逐漸地，我從他的口中開始重新認識了台灣歷史，從「台灣人」的角度理解台灣，補足了過去認知的缺口，包括：原住民議題、客家族群事務，以及黨外運動。

　　這也是我第一次接觸到社會正義、反政府的思維與行動。1977 年那年冬天，恰巧爆發了台灣選舉史上最著名的「中壢

事件」，黨外群眾津津樂道的一次重大勝利。

在威權政治的操控之下，儘管國內媒體都對「中壢事件」輕描淡寫，好像什麼也沒有發生過。但我在場看到了事件過程、聽到了民眾激昂的吶喊，因此決定在台灣再停留半年，好好觀察這片土地。

隨著許信良競選歌曲「四季春」旋律迴盪耳際，外公的提醒猛然浮現在我腦海：「你學中文很不錯，但是你要怎麼利用它？」沒錯！即便學會了一種語言，更要具備某些專業，才能言之有物。於是來台一年半後，為了尋找留在台灣的理由與專才、為民主與社會正義做出貢獻，我決定回美國攻讀法律學位。

時　光　小　學　堂

中壢事件，開啟台灣街頭運動序幕

1977 年 11 月，台灣舉行五項地方公職選舉。在桃園縣長選舉中，黨外的許信良對上國民黨歐憲瑜，國民黨涉嫌於投票過程中舞弊作票，引起中壢市民憤怒。數萬名群眾因而包圍中壢分局，砸毀並火燒警察局。警方則向民眾發射催淚瓦斯，甚至開槍，造成兩位年輕人死亡、一位重傷。

由於民眾成功強力護票，最後許信良高票當選桃園縣長。中壢事件，被認為是民眾第一次自發性街頭抗議選舉舞弊行動，也開啟台灣「街頭運動」的序幕。

　　我在 1978 年回去美國研讀法律。當時我雖然人在美國，一則因為研究所一年級法學課程很枯燥，二來太想念台灣的朋友、掛念著台灣的情勢，還買了好幾本黨外雜誌與書籍，時時刻刻都想回台灣。最後，還是忍不住先休學，再次回到我最愛的土地學習中文。

　　第二次來台灣是 1979 年，從甫竣工的桃園機場入境。

　　上課時，記得我當時正在語言中心教室趴著睡覺，突然之間有個女孩衝進來，激動嚷著：各位同學，快快快！我們趕緊去「美國在台協會」（簡稱 AIT，1979 年至今）抗議。定睛一看，那不是艾琳達嗎？

　　艾琳達（人權運動者，曾為綠黨國際事務部負責人）當時已經與施明德公證結婚，身兼「黨外助選團」英文秘書及《美麗島雜誌》國際公關。她得知施明德等人因「美麗島事件」遭到逮捕，甚至以叛亂罪問死，立刻奔走號召大家向國際傳達台灣遭到獨裁威權的操控，希望透過美國國會議員及國際人權組織的關切、國際各大媒體的採訪報導，向政府施壓。

　　但也因為此延伸之事端，艾琳達與友人隨後遭到台灣驅逐出境。

省思司法改革，萌發法律服務種子

台灣憲法原則上，雖然如同美國「司法、行政、立法」分權而立，但是當時的行政介入司法相當嚴重。尤其，台灣長期處於戒嚴，一般人民也經常要接受軍事審判。儘管美國甘迺迪政府會不時向台灣施壓，要求戒嚴下的台灣政府進行民主改革，但審判程序仍缺乏正義，我開始意識到一些台灣司法改革問題。

此外，我還看了王拓在 1978 年出版的一本「禁書」——《黨外的聲音》，書中訪問姚嘉文談起「法律必須代表社會正義」，並提及計畫推動「平民法律服務中心」（註），為民眾擔任義務辯護律師。我當下覺得：不錯耶！以後我也可以這麼做！社會不應該「只有有錢人才請得起律師，窮人的法律問題也需要被服務。」

在我成長過程中，父母親都很積極參與社區志工、社會服務，對「賺錢才是王道」的價值觀不怎麼認同，因此我從小就希望自己對社會多少有所貢獻。理想的生活是：每天賺錢工作時間不需要太多，約略 3、4 個小時即已足夠，其他時間可以享受嗜好、也幫助別人。

「美麗島事件」發生時，我意外地接替了艾琳達友人在中廣「海外廣播部」（目前已併入「中央廣播電台」）的新聞編譯工作，恰好有了「正當」理由留在台灣，也彌補了沒來得及

加入抗議行動的遺憾。我在中廣的工作是編輯新聞、以英文播音至海外，重點約略是以台灣角度宣傳「共匪」有多惡劣……、台灣的自由民主多麼珍貴……。

言論管制，被政府扭曲的世界觀

對外宣傳「民主」，對內箝制思想，台灣當時的言論管制仍讓我印象深刻。身為「外國人」，我得以擁有眾多「特權」：那時候在台大有一個收藏禁書的圖書室，准允外國人申請進入，但門口還會有一個國民黨派來的特務人士，確認你是否有挾帶書籍、或是將資料不法攜出。

從禁書到電影、電視節目、新聞審查，都能看見黨政控制思想的影子。當時因為電影配額的關係，除了好萊塢商業電影，藝術電影少有機會能夠進入戲院，我記得好不容易看了一部反越戰影片，叫作《Johnny Got His Gun》（中文片名為《無語問蒼天》或是《強尼上戰場》）。畫面中，主角因到越南作戰而失去了四肢、感覺自己「生不如死」，心中萬般激動卻又無法言語，只能無助掙扎地躺在床上。

那晚的大銀幕裡，不願戀棧人世的 Johnny 在內心喃喃說道：「我想死，不想活了！」（I want to die, I don't want to live.）沒想到審查後的中文字幕卻硬生生變成：「我想活，還不想死！」字幕甚至加了幾行不與共軍妥協的抗戰意志：「上天會給我力量，不管怎樣，我都會堅持下去！」

我為這段翻譯「闡釋」，感到震驚。好不容易有「好」的外國東西，到了台灣卻失真了！我更不斷想著，台灣人對世界的理解、接收到的資訊，到底受到了如何的過濾與壟斷？剪片、扭曲翻譯、審查，主政者掌握了詮釋權，無所不用其極地介入教育與言論管制，民眾通往獨立思考、思想自由的仍是漫漫長路。

日後，做為律師，我總會花上很多時間討論用字的精確謹慎，留意法條與「實事求是」。在輔仁大學翻譯研究所任教時，或引薦英文書籍版權、以及協助核閱譯稿時，我最重視翻譯必須如實傳遞作者的思考脈絡，期待為閱讀者在主流思維壟斷的環境中，有機會透過正確翻譯得以認識國外資訊，創造獨立思考的選擇權。

註　：1972 年，姚嘉文在亞洲協會的贊助下，前往美國學習平民法律扶助制度，之後與志同道合的律師們成立「法律服務中心」，並於 1973 年 9 月法學會理監事聯席會通過設立，再於同年 11 月 12 日成立「台北法律服務中心」，並成為法學會的周邊組織，免費為平民提供法律服務，可說是「法律扶助基金會」的前輩鼻祖。

資料來源：《台灣法學會四十年會史：自由民主法治的推手》，2011 年出版；〈1987.1.20 父親的眼淚～黨外大護法 姚嘉文律師出獄〉，《民報》的邱萬興【街頭人生】專欄，2017 年 1 月 20 日。

美麗島事件，黨外運動的高峰

「美麗島事件」又稱「高雄事件」。

創辦於的 1979 年《美麗島雜誌》發表民主化的訴求與批判，並以此為核心，組織成一股反對國民黨一黨獨大、人權制壓等的力量。由於《美麗島雜誌》幾次申請集會遊行都無法通過，因此於同年 12 月 10 日組織群眾進行遊行及演講，要求民主化且批判國民黨政府的示威活動，在進行中被以未經許可而阻止，造成示威團體與警察部隊當街發生衝突，進而發展成「美麗島事件」。

事後證實，這是「先鎮後暴」：先有使用暴力的鎮暴部隊，才促使群眾以暴力防衛對抗。國民黨政府藉機大量逮捕參與民主運動的「黨外」人士，並以「叛亂罪」進行「軍事審判」，最嚴重者曾遭判處死刑（註）。

「美麗島事件」發生後，許多重要黨外人士遭到逮捕、並受到軍事審判，被稱為「美麗島大審判」。最後在國際關切壓力下，施明德才以無期徒刑判處，黃信介等人則論處有期徒刑。

台灣此後也在美國壓力下，慢慢解除黨禁、解嚴，開放言論自由等，讓民眾得以追求民主自由的理想。

註：摘自《台灣與日本善的循環》，謝長廷著，
　　幸福綠光出版，2023 年 3 月。

PART 3

我的商業律師生涯，
富足人生的反省

在台灣參與頂尖的

國際法律事務所、是年薪千萬的商業律師……，

卻遭逢事務所改組、心力交瘁時被宣告癌症第三期……；

境遇雖然如此，

我仍下定決心讓自己和台灣土地重生。

剛來台灣的時候，大家都強調：「台灣不是一個法治的國家，而是一個人治的社會。」我心裡想著：嗯，我剛好來自一個「法治」的國家，必能有所貢獻，將學來的經驗與法學訓練予以分享、幫助這裡「弘揚法治」。

我打定主意成為出色的商務律師，於是在 1982 年回到台灣後，先在「萬國法律事務所」任實習生，隔年我自丹佛大學取得 J.D. 學位（Juris Doctor，簡稱 J.D.，譯為法律博士），之後分別在「寰宇律師事務所」、「萬國法律事務所」、「台灣國際專利法律事務所」工作，主要負責商標、專利、著作權等智慧財產權業務。

「寧為雞首，不為牛後」，我創業了

在各大法律事務所累積學習的經驗，讓我接觸到很多跨國棘手的案件，以及相關協調處理方式，但無法全然發揮：一則我雖是美國法律師，卻沒有在美國執業過，經常被質疑判斷的準確性。另一方面，身為「老外」，既非老闆、也不是案件的主要承辦人，參與空間有限。尤其，最重要的是我意識到「很多爭議只要早一點溝通，實在不需要走上訴訟」，似乎與一般

律師事務所的作業習慣不同。

　　於是，抱著「寧爲雞首，不爲牛後」的心情，我決定開始我的創業生涯，遂於 1989 年開設「喜茂顧問社」，與參選前的蘇煥智律師合署；之後更曾一度與顧立雄律師的「勤業法律事務所」業務合作。

　　1992 年，我與太太洪美華結婚，成了正港「台灣女婿」，至此，我與台灣的關係更加深刻緊密：這裡是我眞正的家，接下來就是一輩子！

　　1994 年，幾位友人合夥創辦「齊麟國際法律事務所」，老同事謝震武律師擔任第一任負責人，落腳在敦化圓環的黃金地段，員工數從一個中型事務所規模，一路成長至 120 人。我提供智慧財產權案件經驗，與事務所密切合作。慢慢擴增與行政、立法部門及媒體溝通的業務，以及電信通訊產業的相關諮詢，協助各產業龍頭在台灣及世界各地進行商標權取得、執行，以及智慧財產權授權等等。

　　1987 年台灣解嚴、隔年解除報禁，加上 1990 年代，台灣股市衝上萬點，整體社會經濟活絡，變化劇烈而快速。後續開放廣播頻率與有線電視，於是許多外國新客戶都想進入原先受到高度管制的產業，例如：有線電視、廣告、金融服務及智慧財產權等等。我服務的客戶即包括台灣影視系統業大亨、國外主流的媒體新聞通訊社、境外之衛星電視集團，以及眾多想要

進入台灣市場的全球品牌，成功實踐我成為「企業最佳商務夥伴」的自我期許。

法律僅供參考：應思慮其真義，以靈活心態面對

雖然身為一位律師，接下來，我要告訴大家一個簡單，卻能震驚 2 千 3 百萬台灣人的基本原則，那就是：法律僅供參考用。

戒嚴時期，台灣政府即「法律僅供參考」，因為行政命令取代了真正的法律，再加上行政介入司法嚴重，國民大會、立法院又是不需要改選的萬年國會，經常被譏諷已淪為行政院的橡皮圖章……，在在證明，本該是保障民眾的法律，卻淪為當權者的工具。

再者，法律的解釋空間很大，身為法律執行者的行政機關，會基於自己的最大方便或某種利益考慮，以行政命令或行政裁量決定遊戲規則；更可動用所有的資源，對付特定個體。

另外，從民眾觀點看來，「法律永遠趕不上社會的變化」，總是落後於時代的變遷；既然「法律僅供參考」，就不須把法律當作「限制」。換句話說，我們應該轉換心態：視法律為「幫助」，而非「約束」，採取更靈活的心態面對死板的法條，思慮其真義而做出行動。

每個人都是詐術中的賭徒，依當權者遊戲規則下注

所以，每一個人都是「詐術中的賭徒」（Gambler among cheats）。在當權者制訂的遊戲規則裡，我們每天無疑生活在「詐術」中：在一個開放透明的社會管制中，我們永遠不能預期會發生什麼事，可能被安排、被監控，不知不覺地參加了這場詐術遊戲。在做出各種決定之際，同時也是下「賭注」，賭上自己。

這個事實，從美國到台灣皆然。生命是一場賭注，我們必須做出抉擇，當然，我們也可以選擇與當權者「對賭」、向既定思維挑戰。但總而言之，我們必須在這個大型的社會賭場中，成為賭術專家，方能在這個世界繼續生存。

註：J.D. 法律博士的說明請見

　　身為成功的商業律師、協助外國投資台灣的好幫手，但是我逐漸發現：許多外商的主張，對台灣不見得有幫助。我忍不住自問：「這對台灣真的好嗎？」

　　那時候的我，經常擔任美商與歐商在台灣投資的顧問業務，也參加歐僑商會、美僑商會，並擔任美僑商會理事暨「智慧財產及授權委員會」主席、「公平貿易小組」主席，曾多次應邀協助內政部「著作權審議委員會」、中央標準局及全國工業總會等機構收集、研究資料，並擔任相關會議的研判諮詢、翻譯。

出賣台灣，向美國打小報告？

　　業餘之際，我也多次參與中美貿易諮商談判，以及立法院及其他相關機構之公聽會。我還記得某回擔任中美雙邊談判會議的律師諮詢與義務翻譯，當時我方主要代表、時任經濟部國貿局局長的蕭萬長，他總是一邊微笑，一邊糾正我的中文用字與英文文法，「微笑老蕭」（Smiling Vincent）的稱號果然其來有自。

　　往後，每年我都會跟「美僑商會」前往美國首府「華盛頓

特區」，拜會美國國會議員、官員、商界人士，也會和「歐僑商會」一起到歐盟總部的比利時布魯塞爾，目的則是去「打小報告」、「出賣」台灣利益。內容不外乎：台灣目前法規上有哪些不利的投資阻礙、台灣政策面哪裡不太好，以及應該更開放市場，讓「我們」外商賺更多錢。

名為擺脫盜版王國，實則創造外商最大利益

老實說，有些意見聽起來很有道理，但有些建議卻會對台灣在地產業造成極大衝擊。我愈來愈發現：「咦，這群人的主張怎麼跟我的不一樣？」這種衝突跟矛盾的心情經常在拜訪過程中浮現。

在 90 年代前後，從服飾、光碟、電影到書籍，台灣一直被稱為「盜版王國」。美國針對智慧財產保護之議題，於貿易法中制訂「特別 301 法案」：只要是涉及仿冒美國公司商標等有關智財權的國家（地區），每年都要進行檢討；凡列入「優先觀察名單」者，美國都將對其進行貿易報復。

台灣一向是處於「不管美國說了什麼，都只能照做」的挨打地位，毫無談判籌碼與能力。加上很多本地律師事務所，都在幫外商蒐集資料，所以這些報告並不是美國政府自行調查而來的，都是來自一些為了擴大自身利益的商人的「打小報告」。另一方面，這些商人同時也對本地政府提供「白皮書」或「藍

皮書」等形式的建言，力促台灣開放管制，讓外商得以「公平競爭」。

我曾是台灣加入 WTO 的小小推手

由於台灣在國際多不被承認，亟欲在國際間爭取能見度，非常積極尋求加入世界貿易組織的機會。為避免中國早於我們加入 WTO（世界貿易組織），排擠台灣資格，可能造成永遠無法進入，因此，台灣政府很努力不留下任何貿易「黑名單」的不良紀錄。

當時推動加入 WTO 的主要談判顧問團團長為蔡英文等人，於期間折衝協調與堅持，我也有幸參與一些商務談判，處理加入世貿組織的相關法律問題。我發現台灣政府為加入 WTO 求快心切，卻缺乏與在地產業協調與溝通，在許多個與其他國家的談判桌上，某些產業讓步「吃虧」得相當嚴重，包括農業、電影產業、傳統產業與小型工業。

加入 WTO，雖然象徵台灣在國際上某種程度的被承認，但卻帶來了整個台灣社會無法回頭的後遺症。包括：以美國為首的各國農產品低價進入台灣，剝奪了弱勢農民的生計；以及促使「商品降價以刺激消費」的思維變本加厲，讓台灣的消費文化愈來愈趨向「美國化」：買下更多不需要的物品，加重了環境負擔。

參與推動加入 WTO 的那些年，我心中只是隱約感覺不安，卻礙於局勢，還沒有釐清這些問題及衝突疑惑，便莫可奈何地往前推進。

　　經過 12 年的努力，台灣入會案終於獲得 WTO 會員的採認。在台北時間 2001 年 11 月 13 日凌晨，由當時的經濟部長林信義代表台灣正式簽署議定書，於 2002 年 1 月 1 日，我國成為 WTO 的正式會員國，台灣的經濟活動，從生產到消費，在國人無所察覺下，發生了潛移默化的重大改變。

1999 年，向來喜歡閱讀的我，意外在旅途中翻到一本叫作《Your Money or Your Life》直譯爲《要錢？還是要命？》的書（中文書名爲《富足人生》，中文版由「新自然主義」出版）這本書的出現，將我內心所思所想的完全文字化，彷彿找到了知音，有體系地呼應了我過去一直以來的想法。

它表面上看似是一本教大家實踐財務獨立的理財書，但其實更是一本傳遞環保概念、生態永續的讀物，鼓勵大家去思考：眼前的一切真的是你需要的嗎？有了名、利、權，就真的會滿足快樂嗎？

這本書震驚了我：原來我們要的不是「錢」，亟待省思的是自己與金錢、工作，乃至於社群的關係。不斷來回翻閱此書的同時，我也思索著：「如果錢已經賺夠了，是不是可以做些什麼？」

賺多少錢才夠？賺到了錢，然後呢？

「齊麟」成立以來，算得上是全台灣優秀的國際法律事務所之一，辦公室就位在當時全台最高的新光摩天大樓上，無論是規模、營業額、服務口碑，都是箇中翹楚。既然有能力了，

那我們就來回饋社會吧！時值 1999 年，台灣發生了百年來傷亡最嚴重的天災「九二一地震」，我隨即提議以事務所之名捐出 1 百萬元，一方面是提供社會救助重建、一方面也可以視為對事務所信譽名聲的長期投資。

不料此舉被事務所幾個合夥人的反對，他們搖手喊著：「不行，不行！」、「因為捐出去後，不知道年底還夠不夠分紅。」

「好吧，沒關係！如果年底不夠的話，我給你。」我拍胸脯向同仁保證，也請大家把期待的分紅寫下來，作為依據。「不夠的話，我給！那我們現在就捐！」終於通過了這項提議，「齊麟」為九二一災區捐出了 1 百萬元。

後來，「齊麟」陸續支持參與很多活動，包括 2001 年陽明山國家公園發生大火，提供了相當多的物資救助。隨著業務的開拓，整體營業額扶搖直上，全體合夥人也賺了不少錢，但是「永遠都不夠」的意念，「錢，賺越多越好」的迷思，埋下了拆夥分歧的引爆線。

拆夥，心力交瘁的開始

就是因為我「太會花錢」、又看了太多「奇怪」的書，所以合夥人決定把我「踢」出去。

2002 年，幾個以行政為主體的一組合夥人，決定拆夥另闢新事務所；其他律師、法務等同仁則與我創辦了「博仲法律

事務所」，這也是台灣第一家由本國和外國律師合夥成立之法律事務所。

我自認是一個很會反省的人。現在想來，也許我當時不夠體貼，沒有考慮大家的感受，沒能充分與合夥人溝通。不過一直以來，我的重點都在於：律師事務所不該是以「營利」為目的，而是以提供更好的服務為目的。包括提供給弱勢者、沒能發聲的物種（others，例如白海豚、樹木，受傷的環境）法律服務，為社會多做一點事情。簡單說來，就是將其引導至「社會企業」的概念。

然而，「博仲」的開始，其實並不順利，業務、財務、人事等諸事煩心、未能步上軌道，行政人員空窗亟待補位。尤其諸多跟著我成立新事務所的同仁們，仍期待在「那個很會賺錢的文魯彬」領導下，再創業績高峰。在累積了大量的壓力與疲勞之後，終於，在 2002 年底回美國與家人共度感恩節假期之時，我病倒了。

癌症第三期，醫生說生命只剩半年

連著幾日的高燒不退，整個假期我都只能躺在床上，根本沒能跟好不容易相見的家人共享佳節。

儘管一直發著高燒，我還是依照原訂計畫，在一週之後飛回台灣就醫。剛開始，醫生判斷我是感染了嚴重的肺炎、要求

我住院兩週。所以，我簡單跟公司同仁交待了工作，就住進醫院。

某天下午，幾位同仁來探望我，恰巧遇上主治醫師向我宣布斷層掃瞄檢查結果：肺腺癌。我得了肺腺癌，肺部有兩顆很大的腫瘤，一顆 6 公分、一顆則長在淋巴上，加上肺部積水，已經是癌症第三期，只剩下半年的生命。除了震撼，還是震撼。

在死亡之前，我不得不重新省視生命的意義。

《富足人生》，讓生活過得富足又輕鬆

身為華爾街金融分析師，喬‧杜明桂（Joe Dominguez，1938-1997）具體落實財富、工作與人生兼享的九個智慧，31歲就退休，讓人稱羨。究竟要怎麼辦到？她在書中提綱挈領規劃九大步驟，讓你完全不受景氣與時間影響，她建議從檢討過去的賺錢與花錢行為開始，告訴你如何追蹤記錄自己獨特的生命能量（真正的時薪），運用每月結算表，輕鬆管理財務，快速取得最大的收入；如此一來，同時還能自然順勢的將花費減到最低，一點也不覺得匱乏，輕輕鬆鬆解決工作、財務、生活困境！讓你完全掌握金錢，重新找回自己想要的富足人生。

延伸閱讀：《富足人生：要錢還是要命》（Your money or your life : transforming your relationship with money and achieving financial independence），喬‧杜明桂，薇琪‧魯賓（Joe Dominguez，Vicki Robin）著，洪秀芳譯，新自然主義出版。

04 ——生病、抗癌，讓我下定決心做自己

　　如果說，2002 年是我事業和人生的分水嶺，不如說是這場突然發生的疾病，給了我機會，去做從前未能下定決心做的事情。

　　剛來台灣的時候，總覺得這裡的環境好神奇，幾乎每一棵植物都有靈性或療效，台灣人總能將它轉化為對身體有益的中藥材或菜餚，讓我既驚喜又興奮。

　　當醫生宣判我只剩下 6 個月生命之時，周遭每一個人都建議我做更進一步的檢查，不外乎是轉到更專門的醫院、找更新但較傳統的（也就是化學、放射線、手術）療程。

　　雖然我父親、二哥是醫師，姊姊是護士，他們都接受西方醫學教育洗禮，但是我對西醫非常不相信、也不以為然，總覺得自己像是白老鼠，沒事就吞顆藥丸、試驗看看。尤其是我爸爸，他一生只信仰主流西方醫學，完全不能接受其他的醫學理論和療法。

檢視身心靈的毒酸缺，找回生機

　　但我自小就熱中於蒐集證據來驗證大人的觀念漏洞，也開始接觸另類療法，後來更對於針灸、東方醫學、自然療法等非主流的醫學很感興趣。

在住院 1 週、病情毫無改善之後，太太洪美華爲我邀請了兩位生機療法專家，替我做了簡單而直接的診斷：我的身體酸性太強，有著太多的有毒物質，包括長期的失望、對人性的

我的抗癌之道

做對三件事，給身體發揮自癒力潛能的機會：

第一件事是改採符合自然醫學的療法，積極改變生活方式，同時調整身心靈健康。我斷然離開醫院，並停止使用藥物。

第二件事是增進免疫力：找到一個理想的生活環境，放下壓力與工作，享受新鮮空氣，進行大量運動，森林、海水、瀑布都是很好的空間。

第三件事是重新身體淨化：訂定飲食計畫、化酸性體質爲鹼性，排除毒性。並嚴格遵守飲食規定，食用促進代謝的酵素。

延伸閱讀：《神奇的生機排毒法：提升免疫力實用手冊》，蔡慶豐、吳麗雲著，幸福綠光出版。

怨懟、抽菸，以致於成為有害細胞繁衍的有利環境，無法有效對抗入侵的病原。兩位專家建議到一個能讓身體充分休息的環境，暫且將工作放到一邊，輔助以生機飲食排毒的方式來休養。

2002 年 12 月，全身無力的我，在太太與她侄子曾尹澤陪伴下，我搬到了花蓮的天主教牧靈中心居住。這裡望眼過去就是花蓮港和太平洋，5 分鐘就能走到海邊的北濱公園、往山上不到 10 分鐘就是綠樹盎然。當時的花蓮港好美，船隻停泊並不多、濱海公路上也沒有貨櫃車，空氣清新、氣候宜人，確實讓我得以放下壓力，好好休息。

在那段時間，我關掉手機、沒有電腦，每天就是專心地過生活：用葵花油漱口、吃有機蔬菜，以天然絲瓜絡（菜瓜布）刷皮膚，進行生機排毒（詳情方法可參考《神奇的生機排毒法：提升免疫力實用手冊》）。記得有一天天氣很冷，氣溫只有大約 12、13 度，但是水溫暖和，於是我迫不及待脫了衣服跳下海，受到海洋暖流環抱的我，感到非常地輕鬆而愉快。

下定決心，擁抱自然，腫瘤神奇消失了

從那天起，我就每天早上都去海裡游泳，吃清淨食物、騎單車、散步，有充足的睡眠。花蓮的山、海、陽光、風、雨，都充滿自然能量，漸漸地，我不但感覺身體的不適緩解了，頭腦更是一片清明，從來沒有那麼清楚地感受到自己身體的每一

部分，以及周遭的環境。我開始認真思考，如果我能從這次的病中康復，我要徹底改變我的生活。

偶爾，我也會到圖書館去使用公用電腦，上網蒐集資料，處理重要事情。就在那個時候，我發現了幾個美國的法律環境團體，研究了他們的工作領域之後，我心想：如果我可以繼續活下去，我不要再回到商業律師事務所，我要把我的律師專業好好發揮在環保公益這個領域。

結束6週休養，當我回到台北「和信醫院」檢查，醫師看著我的X光片頻頻搖頭，他指著肺部的兩大塊腫瘤告訴我，我的情況非常糟糕。但同行的朋友適時發現，醫師手中的是6週前的舊片子，於是趕緊拿出方才照的新X光片替換。看著新換上的片子，醫師的表情和聲音充滿了困惑：「腫瘤不見了。」

既然重生，就要回饋，向大自然報恩

正因這場突如其來的一場大病，讓我有機會停下腳步，好好地思考過去2、30年所做的事情。曾經年薪千萬、事業成功，風光一時，但我卻不覺得快樂。

2003年6月，我回到台北，重整了「博仲法律事務所」的組織，將商業業務正式交給我的合夥人，我則成立了「台灣蠻野心足生態協會」，藉由我過去的專業與經驗，開始經營我人生的另外一項事業：維護環境永續的公益律師事務所。

05 ——— 「文明」背後的荒謬，感謝台灣？糟蹋台灣？

　　這篇文章，雖然是在 2005 年的 3 月完成的，但其實相當表述著我內心一直以來的矛盾與痛苦：作為一個風光年薪千萬的律師，幫助台灣取得國際組織參與地位、人人尊敬的自由貿易「WTO」推手，其實就是一個「假促進經濟之名」、行剝削土地之實的「環境殺手」幫凶。

　　曾經擔任「台北市美國商會」（註1）理監事的我，在那年台北市美國商會「謝年飯」（註2）活動前，發表了一篇〈感謝台灣？蹂踏台灣？〉的公開文章。內容是這樣寫的：

● **感謝台灣：讓我們的會員美商奇異公司賣給你們核能設備，而不用解決核廢料問題。**
　　台灣得以擁有全世界密度最高的核能發電廠，全部的核能設備都位於人口密集區，麻煩的核廢料問題也一直未提供協助解決。

● **感謝台灣：允許我們的會員賣給你們垃圾食物（高熱量速食）、重度加工食品、基因改造食品⋯⋯。**
　　可口可樂、麥當勞、卡夫食品及煙草商等公司的產品，將使

台灣孩子如同美國小孩，擁有全世界最高比率的肥胖症。可預見的是，台灣如果繼續追隨美國腳步，將成爲第一名人口肥胖國家。

● **感謝台灣：成為美國武器的最佳買主。**

美國波音公司、美商洛克希德馬丁、美商雷神國際電子等體質欠佳的武器製造商，由於少了與蘇聯武器競賽的需求，幾乎要奄奄一息。幸虧台灣，讓我們生意繼續興隆，美國公司眞的需要你，繼續與中國劍拔弩張。

● **感謝台灣：開放你們的市場，政策補貼大賣場及連鎖店，讓傳統雜貨店消失蒸發。**

雖然大賣場及連鎖店排擠了台灣地方雜貨店的生意，卻造就了我們美國產品及服務的商機；就算我們沒來，也可以找一家台灣的代理商，翹著二郎腿、收取權利金，這可是我們美國人教的智慧財產。

● **感謝台灣：鼓勵你們人民大量消費、製造垃圾，就對美國焚化爐、掩埋場的技術有需求。**

台灣人已經充分學習到美國人的消費習性，買一堆不需要的東西，大量消費所製造的垃圾及廢棄物。同時，又得以有機會銷售美商垃圾掩埋場及焚化爐的技術，繼續錢滾錢，這眞的是太美妙了。

- **感謝台灣：犧牲農民利益，讓美國稻米、豬肉及各類農產品可以進口到台灣。**

  由於我們美國政府協助台灣加入世界貿易組織，實現台灣想要成為國際社會一員的初衷，舉國歡騰，所以台灣政府積極協助美國剝奪弱勢農民的生計，以便大量銷售廉價的農產品，這真的對我們太友善了。

- **感謝台灣：讓我們教導台灣公司如何製造污染、降低勞動成本。**

  感謝台灣讓奇異、美國無線電公司（簡稱 RCA）及飛利浦等公司在台設廠，這些公司教導台灣如何污染水、空氣及土地；感謝台灣把我們視為典範，學習到如何規避保障勞工最低底線，以及環保法規的要求，這些都是保障經濟成長的妙方，你們應該繼續下去！

- **感謝台灣：繼續開路、鼓勵開車。**

  感謝台灣讓我們的會員福特、克萊斯勒及通用汽車，可以毫無阻礙地介紹汽車，順便刺激台灣多蓋高速公路。蓋一條高速公路用掉了台灣 1/10 可耕作面積，還要解決麻煩的農民問題。天啊，台灣人口僅美國的 14.5%，土地面積僅及美國的 1/250，台灣確實有夠多的車子及高速公路，造成二氧化碳的排放、砍樹、及擁擠不堪的都市，如果認為這些現象是

追隨美國式經濟成熟必經的過程，台灣你就繼續下去吧！

● **感謝台灣：付出你們人民的健康、土壤的健康以及個人健康的代價，來繼續保有美國製藥及化學公司的利益。**

台灣一直是全世界每人用藥量的第一名，我們喜愛目前台灣支付醫院及診所照護的健保給付方式，有利於推銷美國最新及最貴的藥，也感謝台灣允許全民健保預算大量花在藥品上，全球各地的藥廠感激你們忽視傳統醫療或地方性的藥廠，台灣獨厚西藥，畢竟對我們是大商機。

● **感謝台灣：讓美國教你們成為拚經濟的模範生。**

感謝你們繼續犧牲脆弱的環境，讓美國教你們成為全球最揮霍的消費者與浪費的製造者，是拚經濟的模範生。順便恭喜你們，2005 年台灣已被世界經濟論壇評比環境永續指標第145 名，為 146 個國家倒數第 2，與海地、伊拉克、北韓同列為墊底國家。

● **感謝台灣：嚥下我們偉大美國所做的廣告、宣傳及包裝。**

由於你們自己的推波助瀾，我們已能夠勸服所有台灣人如同美國一樣，光鮮亮麗，快樂幸福。雖然我們知道在全世界各國中，美國各種社會問題始終名列前茅：自殺率、謀殺率、犯罪率、肥胖、憂鬱、濫用藥物、墮胎……。

以上這些，都是我的「母國」為推進台灣走向「文明」、促進在地「經濟活絡」而帶來的種種荒謬，深深傷害並糟蹋了我最愛的島嶼土地。

　　想到這裡，我掉下了眼淚。

註 1：台北市美國商會（AmCham Taipei）成立於 1951 年，宗旨為促進跨國企業在台灣的投資營運環境。商會有約 1,000 位個人會員，代表超過 500 家企業。並透過 26 個委員會匯集產業界意見，提供跨國企業對商業趨勢觀察、向政府提供政策建言等服務。

註 2：美國商會「謝年飯」（Hsieh Nien Fan business dinner）。美國商會每年春天的重要年度晚宴，舉辦已超過 50 年，邀請對象包括：台灣總統、美國國務院助理國務卿等的台美官員與政要、台灣政府官員、本地企業界領袖、及學界人士、外商團體，感謝過去一年各界的的往來互動，並繼續維繫彼此建設性交流。

PART 4

回首蠻野
20 年足跡

若人人以美國生活方式為標竿，可預見台灣環境未來堪憂。

台灣蠻野心足生態協會，為無法站上台灣法庭的

山林水土與動植物等廣大受害者發聲，

找回失落之環境世代正義與程序正義。

01 ———— 蠻野，維護永續環境的
公益律師事務所

　　2013 年，台灣蠻野心足生態協會 10 週年慶，當時請到了「反核四、五六運動」（註1）發起人柯一正導演前來致詞。他說，本來以為「蠻野」是一個登山社，後來才知道做了很多環境議題……。這一番幽默開場，緩和了環境運動場上向來理想沉重的氣氛，更讓蠻野有機會驕傲地向大眾報告，我們的一路奮鬥痕跡。

　　時光回到 2003 年，那場大病，讓我好好檢視自己的人生，解放內心一直渴望的聲音。我不斷自忖：應該怎樣回饋這個社會？不僅僅是社會，而是包括人類生活的整個環境，甚至整個地球。我一心一意只想做快樂有意義的事，甚至願意為此放棄整個事業。但我也和好友討論過，如何做、怎麼做，才能對整體社會有益。

　　不能背棄對合夥人的責任、同仁們的期待，也終究捨不得放棄原本一手打造的事務所，所以我另外成立了「台灣蠻野心足生態協會」，並把這個協會定位成一個「公益律師事務所」。

地球需要一個好律師，所以「蠻野」來了

The earth gives us enough material wealth to meet the needs of everyone, but not enough to satisfy the greed of anyone. ～ Gandhi

正如印度甘地所言，「地球可以滿足每一個人的需求，但無法滿足任何一個人的貪婪。」蠻野，做為一個環境法律團體，以「環境公益訴訟」為核心業務。靈感來自於美國環境法律團體「地球正義」（註2，Earthjustice），希望透過各種法律管道，讓人們使用生態系統與自然資源之際，能具備責任感，維護各物種與人類共生的永續環境。

環境，是大自然中各種物種、人類共同組成的有機「整體」。所以，「蠻野」可以被看成「一個為環境而努力的法律事務所」，我們的「當事人」（註3）就是白海豚、山林土地、農民、原住民，以及所有希望守護家園的朋友。

雖然在現行法律上，台灣還不允許山林水土與動植物擔任原告，但是我們可以以公益團體的身分，或是其他和我們相同理念的朋友擔任原告，為其他無法站上法庭的廣大受害者發聲，找回失落的環境正義與程序正義。

我們要為土地、為生態打官司

我們所指的環境訴訟，理想上是針對尚未產生破壞，預防性的環保訴訟。但實際上我們所面對的，更多的是已造成公

害，必須刻不容緩透過環境訴訟，進行司法救濟。同時，倡議永續性經濟，守護國土公有財，監督委外私有化、農村發展、生態保育、國家公園與產業政策等環境多元議題。

自創辦以來，蠻野提供人力資源、處理的重要案件／事件，相關案例如下：

一、法案催生：

參與草擬民間版「土地徵收條例修正草案」，催生國土新三法「國土計畫法」、「海岸法」和「濕地法」，監督「農村再生條例」、「國家公園法」、「花東地區發展條例」等。

二、守護國土公有財，監督委外私有化：

北投纜車、阿里山委外、澎湖吉貝沙尾 BOT、美麗灣渡假村、大巨蛋BOT（松山菸廠）、廣慈博愛院BOT……等。

三、推動零廢棄，檢討廢棄物管理政策：

包含反對「一縣市一焚化爐」政策，以行政訴訟支援各地反焚化廠、掩埋場的民眾，如雲林林內焚化廠、新竹橫山掩埋場。倡導資源回收再利用、垃圾減量、達到零垃圾終極目標。

四、原住民族土地權益：

長期協助花蓮秀林鄉原住民族「反亞泥，還我土地」運動，

以及司馬庫斯風倒櫸木事件（註4）訴訟案、布洛灣 ROT
案、台東紅葉溫泉 OT 案、澳花部落反氣化爐等爭取原住
民族權益。

五、守護白海豚生存棲地：

蠻野為了拯救台灣西岸瀕臨絕種的白海豚族群，推動並參
與「台灣媽祖魚保育聯盟」，關注白海豚生存之五大危機
包含空氣、水、噪音污染、漁業誤補、棲地破碎減少。

六、中科三期環評訴訟：

蠻野律師與其他律師合作，代表當地居民，提出撤銷中科
三期 95 年版環評訴訟案。最高行政法院維持一審判決結
果，台北高等行政法院判決撤銷該案環評處分，是第一次
有居民撤銷環評勝訴，其後，成為第一個勝訴確定的案
件，堪稱環保運動之重大里程碑。

為了環境而不馴，而思索，而行動

　　正因為珍惜台灣的美麗，所以不願預見未來的哀愁。正因
為眼見美國過度開發、消費思維造成的環境災難，得能預見總
以美國作為標竿的台灣環境未來。

　　我們期許的「蠻野」，意味「未被馴服」，更期待保有和
萬物共生的能力。而「心足」，不只是「滿足之心」，既是有
心念（想法理念）、更具備行動實踐（足）。

　　讓我們盡其所能，持續為台灣尋根、為文明找尋出路。

註1：反核四、五六運動：起因於 2012 年，前總統馬英九公開表示：「沒有人反核」，引發各界強烈反彈，藝文界人士發起「我是人，我反核」行動。2013 年，由導演柯一正、吳乙峰、小野等人發起「不要核四、五六運動」，相約每週五晚間 6 點自由廣場聚會，風雨無阻。2014 年，政府宣布核四「停工不停建」，「反核四、五六運動」轉型為「公民論壇」，直至 2015 年階段性劃下句點。

註2：地球正義（Earthjustice），一個非營利公益法律事務所。原為環境組織「山巒俱樂部」（Sierra Club）1971 年成立的法律部門，1997 年獨立改名為「地球正義」。總部位於美國舊金山，在美國境內有 14 個辦事處、133 位專職律師，專門從事環境訴訟。

註3：在法律上，所謂的「當事人」（party, client），可以是個人、團體或法人。訴訟上的當事人包括原告、被告、訴訟參加人……等。

註4：2005 年 10 月的櫸木事件，當時司馬庫斯部落 3 位族人將風倒櫸木的殘枝取走，而被林務局視為盜竊國有林財產，經地方法院宣判 3 人各處以有期徒刑 6 個月，併科罰金 16 萬，緩刑兩年。直到 2010 年 2 月 9 日，台灣高等法院刑事庭針對司馬庫斯風倒櫸木事件，做出更一審宣判，審判長引用原住民基本法精神，判決 3 名被告無罪。此一宣判創下台灣首例，從此在台灣的司法判決上也將具有決定性的歷史與社會意義。資料來源：環境資訊中心

關於司馬庫斯櫸木案無罪判決：
2010 年更一審 565 號判決。

02 ———— 【花蓮】太魯閣族與反亞泥、還我土地

　　大病初癒後，我曾到「太魯閣國家公園」當志工解說員，接觸到許多原住民朋友。關於「花蓮」之名，不過是我們「白浪」（壞人）的說法，但其實我很開心被喚作「白浪」，那終於讓我和多數台灣人具備共同身分，有一種親切歸屬的認同感。

　　然而，從台北坐上火車前往花蓮，左邊是美麗的海岸線，右邊卻像是巨獸般綿延不絕的水泥廠。從宜蘭冬山的力霸水泥開始，連續是蘇澳的信大水泥與台泥的蘇澳廠，東澳的幸福水泥、台泥和平廠與水泥專用港，一路連結直達太魯閣國家公園所在地的新城站。

　　山河破碎，家園失所，這個畫面總是久久震撼著我。

亞泥採礦，太魯閣國家公園無樹無花無蟲鳥

　　「太魯閣族反亞泥，還我土地運動」，是蠻野心足生態協會成立後進行的第一件案子，由協會與「博仲法律事務所」的律師合作，為太魯閣原住民爭回應有的土地權利。

1973 年，政府力倡產業東移政策，鼓勵水泥廠前進東海岸。「亞洲水泥」（遠東集團事業體之一，以下簡稱亞泥）決意到花蓮設廠，並以花蓮縣秀林鄉可樂、富士等地段為址，至今雄踞太魯閣超過 50 年。

　　從空中往地面望，太魯閣國家公園正上方就是亞泥採礦場：整個山頭被大型機具開膛剖肚、剷平切斷，而今光禿禿一片，看得令人怵目驚心。這裡是太魯閣族的家園，礦場下方就是大同、大禮等部落。但每日伴隨族人生活的，並非山林樹草間的蟲鳴鳥叫，而是亞泥炸山開礦、未曾停息之爆炸聲。

　　亞泥、秀林鄉公所與花蓮縣政府於 1973 年召開「協調會」，涉嫌以誘騙及偽造文書等方式，在地主不知情狀況下與鄉公所辦理租用承諾書，簽定同意書、土地面積拋棄書，塗銷原住民耕作使用權，掠奪族人世代居住土地。亞泥，只需要付給鄉公所低廉租金，就可以持續採礦。

承租人偽造「拋棄同意書」奪取原住民土地

　　1995 年，一位離開故鄉 22 年之久的太魯閣族人田春綢女士（人稱田姊，太魯閣族名伊貢・希凡，後擔任「反亞泥還我土地自救會」會長），帶著身體不適的日籍先生丸山忠夫回到花蓮休養。家具才剛送到花蓮、還來不及拆封，她便參加了一場亞泥公司承租權到期協調會，這才發現怎麼父親與族人的土

地都不見了。

在該協調會上，鄉公所、亞泥與族人之間爆發嚴重衝突，吵到幾乎打起來，眾人不歡而散，卻意外地遺留一疊令人匪夷所思的同意書、拋棄書等重要文件資料。田春綢進一步蒐集相關資料、請教律師，並向當時的 100 多位原住民地主確認，發現他們全數都否認曾經簽署過這份「拋棄同意書」。在部落長輩的請託下，她開始投入了「反亞泥，還我土地運動」的漫漫長路：期待拿回自己的土地所有權、耕作權，儘管四處奔走陳情交涉，卻只等到漠視與失望。

2003 年，在環保聯盟花蓮分會會長鍾寶珠、當時博仲法律事務所的許秀雯律師引見下，我與夥伴們認識了田姊，本著環境共生及尊重原住民族權益理念，我們正式加入「還我土地運動」，由「蠻野」提供執行人力與相關資源進行田野調查、事實追蹤，舉辦說明會等各項活動，而後並代理兩位太魯閣族老人家進行訴訟。

訴訟猶如專業戰爭，凸顯原民法律弱勢

「反亞泥」一案，我們走得挫折。除了人口外移、聯繫不易，當地居民亦是分散，凝聚力量難以建立。雖不乏在亞泥上班、但不反對我們的認同者；仍有不少拿了亞泥好處，譬如開著賓士、擔任鄉公所公職之族人，直接表明每月受領了亞泥

「顧問費」，不宜有其他立場。亞泥也用盡各種方法，阻撓地主回到土地上耕作，同時仰仗其雄厚資本，繼續收買經濟困窘、不得不向金錢低頭的弱勢族人。

最令我由衷佩服的仍是田姊，從發現事實、展開調查，就遭逢種種磨難阻礙。她曾在說明會場上遭人潑水、姊夫也被燒紅木炭攻擊，一度被椅子擲扔施暴，不斷以種種方式警告威脅：「不是你的地盤，不要多管閒事！」如此被排拒、被自己人陷害，甚至被中傷、諷刺調侃等等劣勢，卻從未放棄，長期奔波於各行政單位之間、積極研讀法條。經歷過兩次中風、仍然走上街頭。

正是這股堅毅強韌，吸引著我與眾人，與她並肩走上反亞泥的抗爭長路。

如同鍾寶珠所言，這是一場專業戰爭，凸顯出原住民在法律上的弱勢。過去，面對政府以民事訴訟要塗銷原住民耕作權，族人沒錢請不起律師，只好獨自硬著頭皮面對法官。原住民老人家不懂漢人法律、不懂漢人的文字遊戲規則，上法院時完全不知所措，聽不懂法官意思。尤其，所謂每一句話都會被當作是呈堂證供的傳言，讓他們緊張得不知如何表達，更遑論主張自我權利。

無論是法律上的專有名詞、我方能主張的法條，有關於法律上的時效性與程序是否完成，如何鉅細靡遺回應相對人律師的主張，其書寫方式及論述絕對不是原住民能力所及，在在需要法律專才人士投入。

司法、立法實現正義，畫下階段性勝利

經歷多年的努力與等待，2012 年行政院原住民族委員會（主任委員孫大川，註1）做成訴願決定，要求花蓮縣政府應於 2 個月內協助太魯閣族人取回土地所有權。然而亞泥仍持續開礦，並再起訴訟、阻止回復族人權益；直到 2014 年，由最高行政法院判決原民會及太魯閣族人勝訴確定。透過民間團體合作、社會運動影響，花蓮縣政府終於願意依法將土地移轉（返還）給僅存的兩位第一代耕作權長輩楊金香及徐阿金，為「太魯閣族反亞泥，還我土地運動」寫下重大階段性勝利。

3 年後，2017 年經濟部又三度核准亞泥礦權展延（一旦展延成功，採礦權長達 20 年），萬人上街遊行反亞泥，政府宣布進行礦業改革、修《礦業法》。隔年的 2018 年，亞泥、政府及部落進行三方協商，部落要求就土地爭議進行真相調查，並進行礦場地質調查。終於，在 2021 年，最高行政法院撤銷亞泥礦權展延（不過雖然撤銷展延，但卻回復到「礦業權的展限審查中」的狀態，依現行《礦業法》第 13 條仍可開採。由此可見現行礦業法有其瑕疵，註2）；而 2023 年 5 月，礦業法修法在立法院長游錫堃主持下完成黨團協商，在 5 月底完成三讀通過（註3）。

「蠻野」反歧視原住民人權、反不當開發

　　然而，這條漫漫長路仍未抵達終點：仍有超過百位的第二代耕作權人，等待還我土地之日的來到。

　　「蠻野」自成立以來，積極投入如「反亞泥案」等原住民土地案件，背後有兩項重要意義：

　　第一，爭取土地正義，落實人權、「反歧視」：不因其身分（如原住民）而受系統性不利對待，尊重其主權與共管機制。

　　第二，反不當開發：水泥開採是典型非永續性消耗產業，高耗能、高耗水，嚴重不可逆破壞生態與地景。更何況國內水泥早就供過於求，早已外銷中國，外銷比例高達 37%。

　　這是一段政府聯合財團，搶奪原住民土地的故事。原住民保留地名義上是保障原民生活而留給原住民使用，國家仍可擁有土地所有權。亞泥案顯示，竟是「保留」給財團等「經濟強權」及「非原住民」利用，甚至提供資本財團為掠奪原料（如水泥礦石），得以「合法」迫遷當地原住民，讓原民流離失所，與自己的土地分離。

　　但這樣的故事，卻非冰山一角。在「現代化」過程中，不止台灣，甚至全世界的原住民都面臨嚴重的土地流失問題。例如，當國人為非洲「血鑽石」事件震驚、同情之餘，可曾想像，台灣也處處長期有類似的悲劇。

全球市場的自由化，讓強權經濟得以將原住民生產納編，迫使原民加入漢人市場需求的生產體制。在自由競爭的假象下，原住民必須以傳統社會崩解與生態環境毀滅為代價，提供漢人或主流社會廉價產品，猶如雙重剝削。

人，也是國家公園的一部分

我想起小時候和父母親去野餐露營，總要找一個杳無人煙之處，好像那裡才是「自然」。雖然全球「國家公園」濫觴以美國為首，他國之國家公園制度也深受其影響，但早先作法卻是把原住民趕走，劃下保護區，國家公園裡只剩下動物，禁止人類活動。了無「共生」的保存（preservation），以為是免除人為干擾，事實上是失去了人與環境的互動。

美國科羅拉多大學生物學教授、動物行為專家的馬克‧貝考夫（Marc Bekoff）曾說：「人是自然的一部分，並不能脫離自然。」（People are a part of nature, not apart from nature.）。也因此，從事環境運動如我輩者，一開始即相信：人是自然的一部分（a part of），人並非環境的旁觀者，不該被迫與自然分離（apart from）。早就有許多學者研究指出：生物多樣性與文化多樣性之間，關係密切而複雜。

由於原住民長期與大自然互動，得以借助其對當地生態知識與管理經驗，降低環境對人的傷害，反之亦然。讓原住

民回到自己的土地，保留原民傳統文化、在地共生參與，就是環境保護與復育（conservation）的最重要課題。

諷刺的是，最有能力破壞環境的動物，就是人類。要其不做破壞，必要先確保其需求獲得滿足。因此，長期與山林為伍的原住民，最適合、需要與國家公園共存，法令政策應配合提供他們「滿足需要的生活方式」。

面對原鄉，請以「共生」思維，取代「消費」思維

過去老一輩的族人，生命與土地緊緊相連，種植小米、甘蔗、楊桃等作物、飼養家禽家畜就得以溫飽，所謂「促進經濟」的產業開發，他們根本無能受益，更遑論預期繁榮的美夢。以致現今秀林鄉族人生活依然困頓，甚至比亞泥到來秀林之前更為貧窮。

反對一個產業是容易的，提出替代方案也不難。政府應該正視並負起責任，無論是成立專責基金管理監督，提供維護山林的友善工作機會，或提出「共生思維」而非「消費思維」的經濟模式，都是可行。其實，原住民生活方式簡單，大多仰賴當地自然資源維生，與周遭環境保持和諧關係，足以保存完整的生態體系與生物多樣性。

編按：

① 花蓮有「崇爻」與「奇萊」的稱呼。「崇爻」阿美族話意義是猿猴，指的是毛雅族攀登敏捷。「奇萊」是阿美族自稱其居住的地方為「澳奇萊」，就是現今花蓮市佐倉、豐川（十六股）一帶。

② 秀林鄉，全台面積最大的鄉鎮，鄉境大部分被劃為太魯閣國家公園範圍。亞泥礦區，與太魯閣國家公園重疊 25 公頃，開挖 10 公頃，甚有部分與太魯閣國家公園特別景觀區重疊。

③ 感謝花蓮環保聯盟鍾寶珠等眾多社運團體朋友。感謝「反亞泥」一案前後投入之律師：許秀雯、劉彥伶、陳慧玲、藍慧珊、吳君婷、陳柏舟、陸詩薇、蔡雅瀅、謝孟羽、葉淑珍、許文懷、羅惠馨、林三元。

註 1：孫大川（Paelabang Danapan），卑南族，任職行政院原住民族委員會主委期間為 2009 年 9 月 10 日至 2013 年 7 月 31 日。

註 2：根據《礦業法》第 13 條第 2 項，「採礦權者經依前項規定為展限之申請時，在採礦權期滿至主管機關就展限申請案為准駁之期間內，其採礦權仍為存續」，因此亞泥可以繼續採礦；但當地太魯閣族人可以依《原基法》精神和規定，跟亞泥談判，談條件來彌補、補償、甚至終止侵害。
資料來源：〈最高行政法院撤銷亞泥展延 環團：採礦未停止、應立即修改礦業法〉，羅綺採訪報導，《自由時報》2021 年 9 月 17 日。

註 3：礦業法及亞泥爭議大事紀。亞泥花蓮新城山礦區大事記

03 —— 【花蓮】走一條不同的路，開膛破肚的蘇花高

　　我在大病之際於花蓮休養，因而認識了花蓮環保聯盟的鍾寶珠，她當時極關切吉安鄉焚化爐一案，四處奔走，協同我們請律師寫說帖，後來也因「反亞泥」建立更多互動，奠定了反蘇花高一案的合作運動默契。

從蘇花高、蘇花替到蘇花改，換湯不換藥

　　蘇花高速公路計畫，乃國道 5 號從宜蘭蘇澳延伸到花蓮吉安，需穿鑿中央山脈的一條高速公路建設計畫，是我與「蠻野心足」經手的第二個重要環境大事件。因眾多爭議、環境影響評估無法通過開發，轉而先後變更為「蘇花公路替代道路」（2008 年稱為「蘇花替」）、「蘇花公路改善計畫」（2010 年稱為「蘇花改」），事實上都是換湯不換藥。

　　2000 年總統大選前夕，蘇澳─花蓮段高速公路興建的環境影響說明書經行政院環境保護署（以下簡稱「環保署」，自 2023 年 8 月 22 日改制為「環境部」）審查通過，准予開發，時間點與動機啟人疑竇，直指為選票考量。從種種環境分析加上過去經驗，我們認為應予大眾公開透明的資訊檢視與討論，並認為應有足夠法律依據支持應撤銷這個環評，因而「蠻野心足」擬定反蘇花高說帖，這也是第一份完整說帖。

「蠻野心足」於 2003 年開始投身「反蘇花高」運動，與其他案件特殊之處在於，並非透過「訴訟」介入，而是捲動更多民眾參與討論。當時關心蘇花高的團體尚待發酵成長，是故由「蠻野心足」的專業律師解讀分析環評、行政法、財務分析等漏洞，提出法律依據及資源，協助在地花蓮縣環境保護聯盟全心衝刺；並透過國會聯繫，向立法院遊說、與交通部溝通，民間團體並肩作戰展現強大社會力，迫使公部門做出「台北與東部地區間運輸系統發展政策評估說明書」。

而後有了擅長與民眾溝通的「荒野保護協會」加入，加上中研院經濟研究所蕭代基教授從公共投資成本效益觀點，做出經濟效益分析，無論從民眾參與或專業論述，反蘇花高運動可說如虎添翼、火力倍增。此外，尚有在地民眾、學者等成立「洄瀾夢想聯盟」，提出花蓮主體性，而後陸續有意見領袖如嚴長壽、藝文人士林懷民、證嚴法師等加入倡議，建構東台灣觀光所需要的視野，年輕學子以創意方式，推出「蘇花糕餅舖」網站等，陸續加入反蘇花高行動，聲量快速增加，能見度愈加清晰。

高速公路的需求與生態成本，究竟是加法或減法？

這一連串的發展行動，不僅僅只是針對蘇花高，更希望社會從減法、加法重新檢視：

開發一條高速公路，必須付出多少環境生態成本？而且是不可逆、無法補償的破壞損失成本？

就整體台灣而言，從北到南、從西到東，每條高速公路究

竟增進了多少社會效益？真的是非做不可嗎？或是工程專家評估技術可行，卻不問生態成本與社會需求的損益評估。

　　台灣在 70 年代起而效仿美國大舉興建高速公路，而後無論是否真能帶給地方實質效益，只要扛著「經濟發展」的大旗，闢建工程就可以無往不利。當私人車輛愈加普及、公路使用頻繁，其後遺症包括：

　　一、衝擊了大眾運輸系統，導致二線三線城鄉的地方客運逐漸凋零滅絕；

　　二、汽車排放廢氣成為日後污染環境、熱島效應的兇手；

　　三、弔詭的是，為了減少汽機車排放廢氣，在能源短缺的台灣，大力推動電動車；

　　很遺憾，民眾似乎習焉不查，一再容忍錯誤的政策。

　　2005 年起，我開始擔任環評委員，發現台灣各地工業區企圖以「科學園區」闖關，高速公路也以「快速道路」之名掩人耳目，看似名稱或形式改變了，內容還是同一套。透過公路興建，政府就會有政績，民間工程機構有業績，執行部門達到了考績，在「交征利」的「既定政策」前提下，擁有行政資源者從不去正視台灣道路面積早已經過多的事實。

「節能減碳」的政府，怎可不斷開發公路、鼓勵開車

　　我在環評委員生涯中第一件審查的「北宜高速公路坪林交流道」案，亦得以親見政府企圖「頭過，身就過」，將不得分段開

放的台北—宜蘭段，違背環評原則分段通過。

當石化能源價格高漲之際，台灣或是花東地區要發展經濟，是否只有興建蘇花高才是唯一解藥？

興建以高耗能汽車運輸為主的高速公路，是否合乎台灣或花東地區未來發展的利益？

台灣的人口密集度高，非常適合建置大眾運輸系統，打造出「零汽車」的國家。但是，一個強調「節能減碳」的政府，卻鼓勵大家開車，豈非矛盾至極！

再者，如同北宜高（雪山隧道），有了一條昂貴、不經濟的道路後，大家期待的旅客開始匆匆「經過」，住一天的變成吃一餐；甚至，只到便利商店採購、到加油站加個油。觀光收入的雞蛋未曾明顯增加，反而大量汽車經過所帶來的空氣污染、噪音、嘈雜等等雞屎卻揮之不去。

汽機車造成人口外流，老弱困守家園

此外，汽車需要「棲息地」，包括公路、停車場，君不見每到假日，每條國道都變成「停車場」。高速公路愈蓋愈多，汽車就更倍速化增加，塞車問題更難以解決。當提供更多高速公路作為汽車棲息地之際，也掠奪了更多人與物種的棲息空間。

台灣是對汽機車極其友善的國家，對「人」的友善卻是如此低。容我直言，汽車是人類最糟糕的發明。試想想：需要耗費多少能源才能發動這樣的笨重機器？又產生了多少空氣污染？熱能排放？再者，這種「汽車＋快速道路＋汽油」的體

系，原意看似平衡城鄉發展，邁向行動自由，結果卻是「劫貧濟富」。

對外交通便利，加速青壯人口大量外流，鄉村徒剩老小，弱勢者再度邊緣化；猶如台灣早期優秀人才前進美國留學成家，不再回到母國。

另一方面，道路開闢方便資源取得、向外運送變得更容易，造成農耕者為了豐收使用農藥化肥，犧牲家園生態、消費者健康。更多車輛及污染引進美麗潔淨鄉野，偏鄉弱勢所需的大眾運輸系統亦遭毀滅，弱勢者失去移動聯外機能，「路過」的遊客帶來垃圾、廢棄物，但失去原鄉人才的我們，早已無力抵擋。

整體來說，高速道路與大量汽車的負面效應遠遠大於正面。正在開車的各位，可曾察覺？

你，還在開車嗎？

政商推手，不擇手段，一定要開發

就交通運輸替代，我們提出了多種選擇，無論是提升鐵路交通、海上航運，推廣替代性交通運輸基礎建設，期待替花蓮地區的交通走出一條新的路。不希望花蓮步上台灣西部發展的模式，台灣亦不需要一條又一條的高速公路，理應從生態角度檢討新闢道路的必要性，改變汽車導向的都市形態。

台灣東部是一個原住民族多、低密度開發的特色區域，本身有相當優異的條件作為人類跟物種共生的典範區。但土地開發與工程利益實在太過迷人，讓特定政治人物與財團覬覦

不已，凌駕公眾利益。印象最深刻的是，某次立法院公聽會上，某一具營造工程背景的霸王級花蓮政治人物衝上前，氣急敗壞打斷眾人發言、並對著主持人蘇治芬咆哮，「你不是花蓮人，根本不懂我們的痛苦！」現場一陣錯愕躁動……。

在反蘇花高的漫漫長路上，我們在不斷學習、累積經驗，往後其他的環境運動事件，與「蘇花高」都有著高度的相似性。歷經了十次審查會議的蘇花高案，於 2008 年 4 月環評大會遭否決，即便總統跳出來說蘇花高一定要蓋，法律上亦不得開發。然而 2008 年大選後，「馬」上興建，行政院選擇環評爭議最小的「南澳─和平段」優先動工，同時還在危險路段上以「替代道路」名稱闖關，試圖降低非議。

環 保 小 學 堂

所謂「花蓮人需要安全回家的路」

我並不擔心這種分化「花蓮人」、「非花蓮人」的招數，因為我是「台灣人」，也是「地球人」。

一般咸信：「交通，為建設之母」，但其實：「道路，是環境破壞之母」。開闢道路猶如將人體開膛剖肚，氣脈全斷。道路將完整棲地一分為二，原有棲息物種活動的領域因而縮小、生存權遭受威脅，海洋和陸地再也無法對話。尤其，山林破壞，涵養水源功能喪失、土石流與坍方從此無法避免……。是故，台灣不應不斷開發來破壞生態，反而應考量透過永續經濟的選項與方式，讓人與環境共生共好。

「切開再分段進行興建」、持續玩弄「文字遊戲」，一直都是行政體系慣用伎倆。開發單位持續從「蘇花替」，再邁向「蘇花改」，無論就其經過的路廊、施工工法、道路設計，幾乎完全引用原來的蘇花高。2011年，環保署通過「蘇花改」（台9線蘇花公路山區路段改善計畫）環評，前後總計只審查22天，創下史上最快速審查紀錄。

一個400多億、經過台灣地質最敏感道路的重大開發案，就此過關（註1）。

行政違法，阻擋資訊公開、公民參與

就是這種「不管怎樣，我一定要開發」的荒謬、「人定勝天」的思維，企圖透過「科技至上」、「專家治理」的意識型態，政府僅擷取想要的有利資訊、塑造政策正當性，同時極力阻擋資訊公開透明以免被檢視，更遑論提供民眾參與決策的各種可能。

「蠻野心足」專職律師蔡雅瀅曾說起她「第一次自己擔任原告」的經驗，即是針對政府阻擋公民參與環評。

2008年初，尚在一般法律事務所工作的雅瀅，想了解「蘇花高」案，曾請假欲旁聽參與環評會。原以為事前報名即得進入，卻被警方阻擋在外。先是被分類為「反方」，又以正反雙方各10個名額為由限制入場，眼睜睜地看著那些被分類為支持方的，共26人獲准進入，自己卻不得其門而入。即便經過一再抗議，反方也只增加3個名額。雅瀅請現場官員依行政程

序法第95條第2項，把禁止入場的口頭行政處分「作成書面」，甚至拿出法典指著條文上「不得拒絕」的文字，仍遭拒絕。

秉著公民有公平參與公共事務之權利，隨即打電話向環保署政風室申訴，卻發現禁止民眾入場者，正是政風室主任。委屈不平之際，只能當場利用向林三加律師要來的廢紙背面，撰寫敘明現場情況並要求環保署依「行政程序法第95條」作成書面處分之申請書，再由自己和同樣被阻擋入場的陳柏舟律師具名申請。

以訴訟爭取程序正義，期待司法保障公民權益

因為親身面對不合理，在思慮多時之後，再提出「確認行政處分違法聲請書」、「訴願書」，其後並提出行政訴訟，對政府提出行政爭訟，為的僅僅是期望行政機關在程序上改進對待公民參與的方式（註2）。

我們身為律師，有能力撰寫訴狀、也不畏出庭，尚遭受如此待遇。一般民眾如何拿出時間、精力、金錢和公部門纏鬥？

有多少環評程序參與權利受損的個案，能有幸具備這樣的條件？

民主法治國家，政府動輒以大批警力限制阻擋民眾參與公共事務，竟被視為常態？

歸納種種非常態現象，重要癥結在於一般民眾和社會團體無法得到公開透明的資訊，無從了解並參加專業的環評調查，以實踐「公共參與」，衡平不當政策：台灣的產（企業）、官

（政府）、學（學術）、民代四界，常有糾葛不清、自失立場的表現，官商學代勾結後作成的偏頗資訊，致使民眾以為沒有選擇。事實上，是大眾接收到的資訊片面、不完整、不對稱，而無法了解現況及其問題的真相，因此享有各類資訊透明完整公開，是民眾最基本的權利，也是大眾參與公共事務的第一步驟（註3）。

　　環境運動從早期的街頭抗爭，到公民、環境團體積極參與開發案審查程序表達意見，甚至到進入法院提起環境公益訴訟，每一種運動型態的變遷，都伴隨著台灣社會民主化的進展、以及環境法意識的提升。如何促使更多公民、團體走入體制內，參與環評程序表達意見、促進「公共參與」的民主深化，充分發揮「參與式民主」，也變成我們努力的重要目標。

註1：行政院已在 2019 年 12 月 20 日核定為「蘇花公路安全提升計畫」（蘇花安），納入東澳—南澳段、和平—和中段、和仁—崇德段，預計在 2031 年底完成。

註2：更多參與式民主的「教戰手冊」，
　　　請參考「台灣蠻野心足生態協會」。

註3：「資訊公開」已經是民主政府的基本要件，行政院環保署網站特闢專區「環評書件查詢系統」提供環
評書件查詢功能，資料來源主要是環保署及縣市環保局歷年受理審查之環境影響評估書件檔案。

04 ———— 【雲林】林內焚化爐

　　我跟雲林有著深刻而奇妙的緣分。尤其雲林的地名，總在我腦海中浮現「雲中之林」的景象，好美。

　　我初到台灣時，引領我學習武術的老師，就是西螺人。沒錯，就是「頂港有名聲，下港有出名」的西螺七嵌，至今我仍依稀記得「振興社」的金鷹拳拳架與防禦之術，沒想到卻在後來被雲林縣議長蘇金煌毆打之際，本能性地派上了用場（第114頁）。

　　此外，我還想起幾件有趣的事情：我剛來台灣的時候，在台北市松山中崙那邊有一個客運站牌，每天都有開往雲林台西的長途巴士，聽聞朋友說起台西仍有「碩果僅存」的三輪車在路上狂奔，總挑起我想一探究竟的渴望。雲林，在我心中也蘊含著神秘氣息，因為當時在全台灣23縣市中，它是唯二沒有個別地圖的縣份（另一為金門），不管怎麼在書報攤上找，都找不到。

立委蘇治芬請託，開始參與反焚化爐

　　2003年，我與「台灣蠻野心足生態協會」受雲林籍的立法委員蘇治芬請託，開始接觸與參與雲林的「反焚化爐運動」環保訴訟。肇因於1991年，時任環保署長的郝龍斌堅持父親

郝柏村時代訂定之「一縣市一焚化爐」政策，原本應該捍衛環境正義的「環保署」竟然大力推廣興建焚化爐，無視於危害土地生物體與水源、有毒氣體的產生。更不可思議的是，由於台灣開始力行垃圾分類，政府在 2000 年已發現：垃圾清運量已經低於焚化爐原訂處理量。而焚化爐主管機關的地方政府卻仍必須承諾保證提供廠商垃圾的焚化量。

　　為什麼我對「垃圾」這麼有興趣？因為根本不該有垃圾這種產物，除非我們違反自然定律。人類之所以與其他物種不同，在於會「發明」其他物種用不到的東西。在生態系統裡，樹林排放出來的「廢氣」，成了人類賴以呼吸的氧氣；植物落葉成了滋養土地的養分、適合微生物生長、吸引昆蟲等多樣性物種群聚。但是，只有人類會製造如塑膠袋等無法分解、又無法被其他物種消耗的廢物「垃圾」。

林內焚化爐：史上第一起環評行政訴訟

　　更不可思議地，「垃圾處理」竟然變成了一個產業，化身為有利可圖的商機、製造就業機會的投資，政府透過政策實施變相鼓勵更多垃圾場、掩埋場、焚化爐之出現。更離譜的是，萬一推行資源回收等政策，導致最後的垃圾量低於預估時，政府還得貼補費用，確保焚化爐經營利益，避免廠商虧損。

　　「林內焚化廠撤銷環評審查結果訴訟」，是一個源自於在地的環境法律政治社會運動的經典，是在地朋友、蠻野心足生態協會與協力律師們奮鬥 7 年的環境運動勝利。2000 年，雲

林縣政府（縣長張榮味）堅持在距離林內淨水廠 1.8 公里之處，興建林內焚化爐，並且通過「環評審查結論」。

　　林內淨水廠提供了雲林、南投、彰化、嘉義四個縣的民生用水，無論是當地民眾或民意代表，都曾強烈要求考量焚化廠對淨水場的影響。更何況一座焚化爐的污染排放量等同於一個城市的汽機車廢氣排放量，焚化爐更是戴奧辛的最大排放源，透過空氣擴散沉降，被植物、動物吸收。雲林林內鄉是嘉南平原起點，鄰近鄉鎮是台灣稻米蔬果的集產地，是所有台灣人食物鏈源頭，透過農產品的種植與運銷，戴奧辛就這麼進入大家的脾胃身體。

　　既然有著這麼嚴重的衝擊，政府為何一意孤行？可想而知，這是一個政客、廠商、黑道三方，由土地與工程利益糾葛共生的黑金漩渦，也是財團穩賺不賠的投資。垃圾從來不會消失，只會轉化成有毒廢氣，以及不法傾倒掩埋的爐渣。民眾非但沒有受益，還得暴露在飲水與空氣中戴奧辛污染的危險中，想到接連會導致健康受損、農作物滯銷、景觀破壞。居民們於是對公告之環評審查結果表示不服，決定提起訴願、行政訴訟救濟。

　　然而，一個行政訴訟的形成，必須有明確的受害人站出來。但鄉間關係緊密，居民素來怕麻煩、不愛出頭成為焦點，所以要找到人當原告，實在是不容易。有意思的是，這個案子的原告都是來自於鄉里間的女俠豪傑如張翠屏（2018 年起，當選烏塗村村長）等，由她們張羅尋找違法事實。當眾

人多所顧忌、為難推辭，「由妳們女生帶頭出面，才不會被打！」女人們更是義無反顧，一一號召社區媽媽、放下田間工作，義無反顧挺身而出。

勝訴判決擋住焚化爐運作，卻造成縣府鉅資賠償廠商

　　除此之外，幸賴有台灣環境訴訟祖師爺，原為軍法官、成長於在地林內鄉的吳德雄律師先行提起本案訴願，保住救濟時效，接著由陳旻沂律師與蠻野心足生態協會、看守台灣協會等眾多夥伴接棒，共同創造第一起與政府交手的「環評行政訴訟」，並最終取得勝訴的指標性案例：肯認「環評審查結論」為行政處分、周邊居民具有訴訟權能……。這個先例陸續鼓舞且奠定了後來的深坑掩埋場、橫山掩埋場、都蘭美麗灣渡假村與中科三期等大大小小環評案所提起的行政訴訟救濟。

　　即便眾人擋住了林內焚化不得燃燒運作，但我的心情複雜至極，坐立難安。就因為地方政府錯誤決策與環保署瀆職，衍伸出雲林縣政府必須賠償廠商達榮公司 29.5 億元，不但由縣民買單，導致雲林更多良田農地遭到變賣、或變更為工商建地，以補足政府財源缺口、彌補廠商損失。2016 年雲林縣政府敗訴確定後，根據報載，縣府連本帶利支付廠商恐達 38 至 39 億元。

　　正如台語俗諺中說的，「有一好，沒兩好。」但值得告慰的是，環境保護運動不再受限於傳統的街頭抗爭或政治角力，還能尋求司法救濟途徑檢視錯誤政策，為環保運動史寫下新頁。

果不其然，我和雲林的緣分深切連結，自此一路延伸，包括後來的反湖山水庫、白海豚事件。

編按：坊間慣用「七崁」是白字，客委會已正名「七嵌」，意思是雲林廖姓詔安客家人的七條祖訓。

環　保　小　學　堂

環保抗爭，可循法律途徑解決

　　民國 90 年時，政府要建林內焚化廠，鄉親群起抗爭、流血衝突、烏塗村自救會長張翠屏、重興村自救會張孟雲相繼交付本人有關焚化廠不合法資訊，請本人依法提告。

　　當時請教過的法界、律師界人士都說地方居民是第三人，不是當事人，依法不得提告，復無前例可循。但，按法律是來自諸多法源，本人亦讀過洪遜欣教授的法理學，深知法律並不那麼呆板，凡不合理之事，總會有個出頭解決，就毅然決然提告。

　　一路我方都敗訴，直到最高法院才認我方不無正常理由而發回更審。更一審中，本人舊病復發，並出車禍，知能力有限，料將無法續行訴訟。幸由立法委員蘇治芬請託台灣蠻野心足生態協會理事長文魯彬律師鼎力協助，覓得高雄陳旻沂律師接掌代理訴訟，經多年努力終獲勝訴判決確定，認定環境影響評估違法，撤銷環評結論，因此，焚化爐迄今閒置不用。

　　由於本案勝訴判決確定，影響所及：一、創下先例，環保抗爭，可循法律途徑解決，避免衝突、流血，居民沒有傷亡危險；二、林內鄉地價回升，經濟繁榮起來，居民不分黨派，安居樂業。　　　　　　　　　　**吳德雄**（台灣第一位環評行政爭訟律師）／撰文

　　我非常喜歡雲林。那年在廖冠貿等幾位當地朋友的引領下，造訪走遍雲林諸多角落。林內鄉有一個「石頭公廟」，供奉著許多天然形成的神仙石，如觀世音菩薩、彌勒佛。石頭很有靈，守護著土地與台灣整個島嶼。

　　2004 年，我又數次造訪幽情谷，它位在雲林斗六湖山里與南投竹山交界，離市區不遠，急湍小瀑曲流深切、懸崖峭壁輝映著原始神秘的豐富生態，耳邊不時傳來潺潺流水聲與蟲鳴蛙叫協奏，在烈日炙熱下沐浴於清涼幽靜的如畫美景，彷若仙境。

為了開發水庫，犧牲了多少寶貴生態

　　而後，我才知道幽情谷有多達 97 種鳥類（包括珍貴稀有的八色鳥）、22 種兩棲類（包括「梭德氏樹蛙」），其他還有如珍貴保育動物的「棕簑貓」、最大淡水「拉氏清溪蟹」，以及「台灣油點草」與大型哺乳動物之蹤跡，全球獨有的遷徙性蝴蝶「紫斑蝶」都在此地可見。無奈，因為政府計畫興建湖山水庫，幽情谷即將沒入水中、稀有生態家園也將消逝在記憶裡。

湖山水庫開發案從 1994 年、1995 年辦理可行性規劃，環保署在 2000 年時通過環境影響評估。行政院 2001 年核定實施，預定 7 年、耗費台幣 162 億元。政府宣稱：水庫完工後每天可提供 24.8 噸水，若與集集攔河堰並聯使用，供水能力可上看 69.4 萬噸。

湖山水庫地理位置剛好位在斷層帶，壩址地質條件也易崩塌滲漏，誰都難以保證不會有下一個「九二一」。為建造一座不安全的水庫，直接摧毀低海拔生態基因庫；因興建攔河堰造成的河水乾涸，連帶使得沿海地層下陷更加惡化。

2002 年起，雲林居民有鑑於水庫開發案問題重重，率先發起反對運動，爾後環保團體陸續加入，南投民眾也發起相關反對行動。環保團體提出無數證據資料（註 1），鐵證歷歷顯示出此案的種種失當荒謬，然而政府從未予以正視，還是一意孤行。

為什麼需要水庫？無關民生，全為重大工業

但是，為什麼需要這麼多的水？

水資源評估向來缺乏多面向的評估基礎，都是單一技術取向的決策，完全不考慮供水的環境成本、經濟效益與社會正義，迄今仍從未有任何反省。說穿了，這就是為高耗能、高耗水之工業所打造的一座水庫。

在中部地區，特別是雲林與彰化，一直不斷有新增工業區

計畫。從雲林離島工業區、台塑大煉鋼廠、中龍煉鋼廠、國光石化（中油八輕），這些產業的共同特色就是高耗水、高污染。

台灣需要大型水庫嗎？

　　台灣每年降雨量約2,500毫米，是世界平均雨量的3倍之多；但卻名列世界缺水的前20名。

　　山高、河流短且急等先天不良；加上不透水鋪面遽增、缺乏雨水回收再利用機制等後天因素，導致絕大多數的水資源都無法善用，甚至釀成洪澇。而降雨量大約只有18%以內會進入到水庫，可見，耗費巨資、曠日費時興建的水庫並非留住雨水最好的選擇。更何況在地小人稠且生態豐富多元的台灣，任何水庫興建必然帶來：施工破壞生物棲息地、攔河截流影響出海口潮間帶生態、壩體溢流淹沒社區網絡與文化記憶…。

　　為政者如果不要急於立竿見影，大可積極面強化雨水回收再利用（包括各種小型水庫或平地水庫／滯洪池），以及倍增城市透水鋪面防災韌性、污水回收再利用等；消極面則是有效節流，包括自來水供水管線的查漏與維護，以及徹底做到節約用水等等。

濁水溪流域的農業本各自有其供水體系。集集攔河堰與水庫興建的管控目標，就爲了供水給離島工業區的特定財團。例如，台塑當年提出大煉鋼廠每日需水 12.26 萬噸，國光石化每日需水量也要 33 萬噸。由於無水可用，政府付出鉅資與高社會成本建造水庫，卻又以低廉的價格供水給資本家，最後的開發成本與環境浩劫都由全民買單，「利潤」歸公司股東。

第一宗環評委員提告環保署的案例

「湖山水庫」一案，前有環球科技大學張子見老師、雲林野鳥學會的陳清圳校長等許多環保團體努力已久。2006 年、2007 年，我擔任環保署環評委員時，開始參與湖山水庫相關環境影響調查報告審查，並主動接下湖山水庫專案小組委員一職，審議後提出撤除環評結果，並要求開發單位依環評法第 18 條之規定，提出環境影響調查報告書，在調查報告未出爐前，所有工程應暫緩推動。

八色鳥，已被「國際自然保育聯盟」（International Union for Conservation of Nature and Natural Resources, IUCN）列入「紅皮書「（The IUCN Red List of Threatened Species, Red List）之受威脅物種，受到《瀕臨絕種野生動植物國際貿易公約》（Convention on International Trade in Endangered Species of Wild Fauna and Flora, CITES），簡稱《華盛頓公約》）保護。依據台灣野生動物保育法，它與黑面琵鷺同爲珍貴稀有保育動

物；湖山水庫預定地更是全世界八色鳥分布密度最高的區域。然而，2000年環保署通過的環評報告中，有關八色鳥的紀錄竟然隻字未提，有明顯嚴重瑕疵。

同一時間，「蠻野心足生態協會」則與其他民間團體，共同參與反對湖山水庫的各項連署、遊說、抗議行動及環評、聽證等各類會議，並從法律面向，發函要求公開相關資訊，提出環評「公民訴訟」與假處分。這是台灣史上，第一件「成案」的公民訴訟，更是有史以來第一宗「環評委員跳出來告環保署」的告官案件，被許多社運界朋友寄予厚望。

從環境運動培養阿Q精神：不成功，也是一種伏筆

由於環保署知道我不再續任環評委員，於是採取「拖延戰術」，經常改寫我們的環評結論，一來一往反覆修正，曠日廢時，我也不得不面臨卸任。期間，行政院甚至自行通過一項準則，為了讓開發單位的環評進行更加順利，增訂一些提升環評速度的方法，包括必須將環評時間縮短、提高效率。種種官場上的荒謬，在在讓我印象深刻。

反湖山水庫案，有相當的指標性意義。它是第一宗以環評法為依據的「公民訴訟」（註2），從2008年奮戰至2010年，歷時3年多，雖然最後並未成功，但也為社會大眾的公民訴訟行動開啟先例，凸顯政府機關草率態度與行事瑕疵，警惕主管機關不應懈怠推託卸責，為民間反水庫運動留下一段歷史。

回頭看反湖山水庫案，我充滿感謝。它是我台灣環境運動議題的重要入門課之一，也讓我體悟到，無論是從事環境運動或社會運動，心態上都要非常「阿Q」。我曾經很阿Q地向法官表示期待與環保署和解，相信環保署會堅持「環境保護優先」，和我們站在同一陣線。儘管有期待，卻不能執著，自我安慰與解嘲極其必要，否則就會瘋掉，我身旁就有太多的朋友因此生病、抑鬱不快樂。

社會運動像跑馬拉松，只能期待後頭有驚喜

坦白說，過去擔任商務律師的我，少有過挫折與失敗，每個案子都很有贏的機會，畢竟法律解釋空間很大，端看投入的資源是否足夠產出清楚論述。但環境訴訟律師得身兼數職、同時負責好幾個大案子，沒有助理、沒有研究資源，當然更沒有時間四處募款尋求援助，不時還會面對當政者、尤其承包廠商的敵意，只能孤軍奮戰，不若商業訴訟有業主支持，非常的不對等，想到這裡真的諸多感慨。明明我們是善意提醒政府部門要善盡注意義務，才能保護家園生態，維持國家環境，被廠商視為妨害利益也就罷了，怎麼會變成與政府對立呢？公民選出的民主政府不是應該感謝我們的提醒，好好修改政策、監督廠商執行嗎？

不過看到愈多感傷的事，也可以很「阿 Q」地認為，就代表愈多人需要你，而一個人最重要的就是「被需要」。社會運動是一條漫長的路，像馬拉松一樣。初期的領先，未必領著你直奔終點勝利。一時的輸贏，也不必在乎，我想起那年在「國語日報社」學到的成語，「塞翁失馬，焉知非福」。是啊，意想不到的結果也許就發生在後頭。

註 1：詳情可參見「高雄市教師會生態教育中心」出版之《誰把河川擰乾了？一個不安全、不經濟、掠奪生態的湖山水庫開發案》。

註 2：在公民訴訟中，這裡的「公民」，指的不是一般個人，而是與公益有關的眾人。根據環評法規定，如果開發單位違法，但主管機關疏於監督，受害人民或公益團體在經過書面告知程序後，可以對怠於執行的主管機關提起公民訴訟。如果確認主管機關怠於職守，法院可判令其執行，公務員也恐涉及瀆職。

【雲林、彰化】白海豚與
台塑大煉鋼廠、國光石化

　　我曾突發奇想：若有從政機會，一定要去雲林競選縣長。因為宜蘭、桃園拒絕不要的台塑「六輕」，被「丟」到雲林，讓雲林全盤承受污染之苦。這與雲林政治長期受地方派系把持有關，派系利益凌駕百姓，或許透過我這外人的參選、當選，才能斬斷地方派系千絲萬縷的利益糾結，而有所改變。

　　台灣人喜歡吃海鮮，但並不了解海。台灣是海洋國家，卻不懂海洋，難怪我們不懂白海豚。

　　我第一次聽說白海豚，是在 2004 年「珍古德基金會」的一場會議上。他們請到來自巴西、日本、美加、歐洲、紐澳等地的頂尖鯨豚研究學者，前來台灣辦理國際工作坊。我開始注意到這魅力絕佳的白海豚，竟然是生活在過度開發的台灣西海岸之特有生物，因為棲息環境飽受威脅，正瀕臨絕種。所以我決定要投入資源，對惡劣環境採取行動，挽救滅絕危機。

率先獨立於「中華白海豚」！充滿智慧的台灣白海豚

　　台灣白海豚，又稱媽祖魚，屬於鯨目海豚科，一年四季都生活在台灣西海岸海域，特別是濁水溪出口。只要一到農曆 3 月媽祖生日、東北季風減弱後，在近海看到的機會就大幅提

升，像是來替媽祖祝壽。身長 1 公尺到 3 公尺不等，剛出生時身體是白色，年輕時呈灰色，成年後又轉爲粉紅色，模樣逗趣可愛。

原被歸類附屬於「中華白海豚」的牠，在 2015 年國際科學期刊中，以其斑點圖樣的差異性，再加上地理區隔與動物行爲上的殊異，確認爲台灣特有亞種，率先「獨立」以台灣爲名，正名爲「台灣白海豚」，全世界僅生存於台灣西海岸，全世界只剩 60 隻（編按：中華鯨豚協會在 2023 年的觀測）。

我從小就聽說鯨豚智力超群，牠們的互動模式與人類相似，不僅會使用工具、互相照顧彼此的後代，甚至還會交談商討。科學家近來論斷鯨豚爲某種有四肢、大腦的哺乳類動物演化而成。

保護白海豚，就是保護環境

如果曾親見台灣白海豚在眼前跳躍，一定難以忘懷心中的雀躍與感動！在牠們快速移動的身影中，有一種優雅純眞的喜悅。恣意悠游之際仍選擇留在台灣，是否也可以證明台灣是一個可愛的地方？！

「福爾摩莎鯨豚保育研究小組」就曾於雲林縣麥寮台塑六輕工業區近海，捕捉到牠們追逐嬉戲的畫面，像是和諧緊貼的雙人舞、爲海面揚起一道道粉紅色波浪，有時又是快樂奔放的三重奏，令人興奮難忘。

台灣白海豚是生活在水深 30 公尺內的淺海海豚，其生存相當容易受到人類開發影響，以下是台灣白海豚面臨的五大威脅（詳見第 229 頁）：

一、填海造陸與海岸工程等人類開發，會造成白海豚「棲地消失」。

二、由於牠們棲息的場域就在西部近海海面，向來是「廢水、空氣污染」濃度最高之處，問題重重。

三、上游水庫、攔沙壩造成下游「淡水減少」，影響淡海水區域浮游物的生存，造成魚類缺乏食物來源。

四、「不當漁法」造成的誤捕纏網，尤其是刺網，讓接近一半的白海豚身上都有傷口。

五、船舶、海域砲擊及打樁等「水下噪音」。尤其是近年來的海上風力發電場址，與白海豚的棲息地完全重疊；再加上既有風場都是採用定置風機，都需要機械打樁。

　　這些是台灣白海豚面臨的五大威脅。所以，保護白海豚，等同於保護環境；保護了環境，白海豚才不會滅絕。

白海豚為反國光石化開發帶來曙光

　　2005 年，國光石化與台塑大煉鋼廠預定落腳雲林，當地居民與環保團體開始了一連串反對運動。其實國光石化之前「旅行」過多處，卻都不太受到地方歡迎。

　　接任環評委員後，我隨即在 2006 年、2007 年間對「台塑

大煉鋼廠」、「國光石化」案等開發案進行審查。有鑑於當時多數人仍不知白海豚，若能提高對白海豚的理解與保育意識，必能減緩環境不當開發的速度。很幸運，2006年起，有了「福爾摩沙鯨豚保育研究小組」的王愈超、楊世主加入議題討論，為反開發案帶來曙光。

幾乎同時，蠻野心足生態協會決定與六個環保團體（註1）共同發起成立「台灣媽祖魚保育聯盟」，以民間力量監督政府保育政策、支持獨立科學研究，接著並共同舉辦多次「白海豚保育國際工作坊」（註2），擴大白海豚議題聲量，使兩大開發案環評增加變數。

二階環評，雲林地方頭人大力圍事

2007年3月，台塑大煉鋼廠（以下簡稱台鋼）被環評委員會議決裁定必須進入第二階段環境影響評估（簡稱「二階環評」）。只要開發單位採取拖延戰術，拖過7月底，我的任期結束，就沒人「攪局」，在政府「大投資大溫暖」、優先推動的台鋼宣導氣氛下，台鋼早就被列為「旗艦計畫」，只要改組後的新委員「喬一下」，推翻原有結論，支持國光石化與台鋼有條件通過的機會就很大。

依據「環境影響評估法」第6條、第8條，「開發行為」一旦經認定應實施環境影響評估後，應於申請許可時，檢具環境影響說明書，向目的事業主管機關提出，並由目的事業主管

機關轉送主管機關審查（即第一階段審查）。主管機關於收件後 50 日內，作成審查結論公告之，並通知目的事業主管機關及開發單位。倘審查結論認為對環境有重大影響之虞，則應依規定繼續進行第二階段環境影評估。

所以即便卸任，我仍繼續以環保團體身分參與 2007 年 11 月初的關鍵環評大會。該會召開目的即是因為在前一個月，環保署竟以「委員全數新任」為由、違反經驗法則，召開史無前例的「會前會」。再透過無記名投票方式，推翻原先大煉鋼廠必須進入「二階環評」的結論，退回專案小組會議、重新審查，希望讓台鋼「起死回生」。

因而該場會議氣氛詭譎，許多地方政治人物，例如雲林縣議長蘇金煌等人，甚至立委蔡啓芳、林重謨都到場聲援台塑與大煉鋼廠，雲林當地正反雙方居民也各自動員民眾前來旁聽。此時，當年我在「國語日報社」學到的幾句成語，像是「狼狽為奸」、「鷸蚌相爭」、「漁翁得利」等詞語飛快閃過我的腦海。我即刻告訴現場朋友：這是個假議題！因為開發單位就是希望漁民跟環保團體對幹，然後坐收「漁翁之利」。

那一天，我被毆打了

進行一段時間後，場面忽然一陣混亂。有「漁會」代表聲稱沒見過白海豚，打斷環保人士潘翰聲（時為綠黨秘書長）的發言；支持台鋼廠的雲林縣議長胞弟蘇金禎躍過桌面，衝向當

時「台灣生態學會」秘書長陳秉亨，對他暴力拉扯。我見狀也趕緊飛衝往前，跟著跳上桌子與他們對峙，此時記者、環保團體、開發派民代全部推擠在一起，火爆燃點一觸即發，在環保署與警方的勸阻下，衝突暫息。

沒想到會議快結束時，我前往茶水間倒水，雲林縣議長蘇金煌及台塑經理尾隨在後、守在門口堵我，我當時並未察覺有異、還向議長打了招呼：「議長，你好。」議長本人外型粗魯、但也算是長得「可愛」，只是突然之間他把我兩手抓住、順勢將我逼退到牆角，宣稱我「飛踢」到蘇金禎。接下來，就在眾目睽睽之下「賞」了我兩拳，頭部、胸部都遭毆傷。

一時愣住的我，只做了本能性防禦。實在不敢相信有資源、有身分如我者，都會被打，遑論關心環境的升斗小民！更何況堂堂雲林縣議長，公然在不該發生暴力的政府機關堵人動粗，我只好立刻提請處理。

環保署政風室主任護送加害者離開，要求內部警察不能作證

更誇張如後，環保署政風室主任范大維，將打人的蘇金煌護送到休息室，對我的要求卻是兩手一攤，一方面要我拿出證據、列舉證人，另一方面說著：「警察是負責機關內部的安全，不處理這些事情！」、「警察不能作證！」當時，我即刻提出請署內廣播協尋在場員工，政風處居然表示請我自行尋找，蘇金煌與蘇金禎趁亂離開環保署。

這是環評治安史上最黑暗的一天,我的襯衫上緣、左胸口有的 6×7 公分面積大的烏青瘀傷說明了一切。隔日報紙斗大的標題寫著「黑道進入環保署,前任環評委員遭毆」、「前環評委員遭毆,環保署包庇暴力。」往後有良心的環評委員,豈不人人自危?環保署縱放施暴者從容離開,事後僅發表不痛不癢的聲明,毫無任何反省的意思。

之後該場會議就在對台塑質疑連連及大小衝突之中,進行了三個半小時,算得上是有史以來最「精采」的專業審查會議。會議中決議,確定台塑大煉鋼廠進入二階環評,勉強維持了環評制度的公信度。

但是,被脅迫毆打的陰影卻揮之不去,之後有好幾年的時間,我都生活在恐懼中,感受脅迫、焦慮、過度警覺、憂鬱、情感解離等受創症候群隨之而來;甚至無法獨處、也不能自己一人出門、走在路上⋯,害怕再度受到攻擊。

台塑大煉鋼廠轉進越南,以鄰為壑

台灣地小人稠,極高度仰賴能源進口,人均碳排放總是名列全球前茅,水資源亦匱乏,便宜的水電助長產業界的怠惰,加上政府不長進的政策,到 2000 年之際,仍繼續使用過去經濟奇蹟的發展模式,堅守高耗能、高耗水、高污染的石化、水泥、鋼鐵產業來拚經濟,罔顧台灣國土各項資源承載力,妄想再拿已遭高度污染的台灣老命賺錢,這類犧牲土地、河流、海

洋、空氣等自然環境的產業，儼然把「成本社會化，利益私有化」，在民智已大開下，當然會群起反對。

而台塑大煉鋼廠的開發爭議，即是財團為了投資獲利，不顧台灣鋼鐵內需已飽和、地方水資源不足、能源匱乏、二氧化碳排放居高不下等前提事實，是項嚴重犧牲台灣永續利益的產業。

同一集團，前例即有台塑六輕廠替當地帶來嚴重空污，導致麥寮地區小學必須戴口罩上課，甚至愈靠近其居住住民，罹患癌症的比例居高不下，台塑居然還提出在雲林蓋長庚醫院來「回饋地方」，大賺兩次黑心財。台鋼的開發，也勢必造成台灣二氧化碳排放量增加，並危害當地蚵農的生計。

我在環保署茶水間被暴力對待，也凸顯了台灣依然處在財團、官員及民代利益共生的生態。政府成立環保署之初衷，原本是加強環境、生態的保護，可惜幾年下來，從六輕到台塑鋼鐵案一路護航，完全失能、處處與環保團體為敵、踐踏環境，不斷為財團放水，因而被戲稱為「放水署」、甚至為「台塑關係企業：行政院環保署」。

隨著台塑大煉鋼廠確定進入二階環評，即表示通過時間遙遙無期，而後 2008 年起台塑將眼光望向國外，決定於越南投資鋼鐵廠（編按：在 2016 年後因排放污水不當，被越南政府重罰，參見註 3）雖然開發計畫仍未完全撤銷，但隨著台塑與馬政府協議的「棄台鋼、保六輕五期」，以及與中鋼協議「不

在國內設鋼鐵廠」，台塑大煉鋼廠計畫可說胎死腹中了。

另外，2011 年馬政府宣告不支持國光石化在彰化落腳，看來危機也解除，不只是一句「白海豚會轉彎」的譁然發酵而已，前後集結了許多環境運動朋友與社會大眾的努力，才能推高反國光石化的聲浪，包括國際串連、國會資訊互通掌握，凝聚保育白海豚共識的棲地之「全民認股」公益信託（註4），民間學子自發性參與、環境律師強力監督，以及有學術研究為基礎的跨界串連，其中還有藝文界、醫界、科學界、宗教界的參與，環保團體千錘百鍊的不鬆懈，這個歷時多年的重大爭議開發案，宣告終結。

向白海豚學習永續，牠們就是西海岸生態的未來

儘管公民能量贏得了反台塑鋼、反國光石化的勝利，但白海豚的未來仍有許多威脅環伺，例如最迫切、最必須解決的「不當漁法」：受害者不僅是白海豚，連近海漁業與海洋生態都蒙其害。其他的有中部科學園區二林基地、苗栗後龍科技園區、彰濱工業區火力發電廠、大度攔河堰、離岸風機等，這些開發威脅也將使白海豚的生存蒙上一層陰影。

海豚早被科學界認定是人類與海洋生態健康的重要指標。台灣西海岸的白海豚能否存活，對台灣民眾健康有著重要意義，也攸關我們的未來：別忘了白海豚是我們的演化祖先，因其過著滿足所需、不犧牲後代未來利益的生活，而能永續存

在。誠摯希望大家繼續為白海豚與漁業，尋求一條生路（詳見「特別章：守護媽祖魚，等於守護台灣西海岸生態」，第221頁）。

註1：「台灣媽祖魚保育聯盟」發起團體為：台灣生態學會、台灣永續聯盟、台灣環境保護聯盟、台灣蠻野心足生態協會、雲林縣野鳥學會及彰化環境保護聯盟。2011年新加入團體為荒野保護協會；2012年新加入團體為台灣海龍王愛地球協會；2013年新加入團體為台灣西海岸保育聯盟。

註2：共同舉辦團體，包括福爾摩沙鯨豚保育小組、台灣生態學會。

註3：2016年，台塑越鋼廠排放污水不當、導致越南中部海域大量魚群暴斃、引發群眾不滿，演變成當地重大環保事件，越南政府也在6月底宣布台塑應支付5億美元，約161億台幣罰金。

註4：白海豚公益信託活動，由彰化縣環保聯盟、台灣環境資訊協會等單位發起。2010年，以環境公益信託的方式，號召全民以1平方公尺為1股，每股119元價格邀請民眾擔任綠色股東，認股購買濁水溪口的海岸濕地。在當時群眾募資尚未風行之際，最後竟募集到5萬人認股，願意買下2百公頃的白海豚棲息地。唯遺憾內政部遲未通過。

　　台南是「娘家」。因為太太洪美華是台南新化人，我便是台南女婿，每年新春必定陪同太太一起回娘家，拜訪親友。然而，我所見台南的美、期待的美，不止是古都的美，還有一種被隱藏在悲慘污染下、亟待復育的生態美麗。等待傷痛彌補之後，學習教訓，並呈現出「可能之美」（the beauty of possibility）。

台灣史上最嚴重的戴奧辛污染事件

　　這是台灣史上最嚴重的「世紀之毒」戴奧辛污染事件（註），地點就發生在台南市安南區的台鹼安順廠（今稱：中石化安順廠），對面就是香火鼎盛的鹿耳門天后宮，居民多以捕魚農作為生，鄭成功當年也是在此區登陸。

　　台鹼安順廠，1942 年由日本「鐘淵曹達株式會社」強行租用民地所興建，生產燒鹼、鹽酸和液氯，是日本海軍製造毒氣的工廠，供太平洋戰爭所需。二次大戰結束後，被中華民國政府接收，更名為「台灣鹼業公司（簡稱台鹼）台南廠」，1951 年更名為「台灣鹼業公司安順廠」。1982 年，因經濟因素關廠並與「中國石油化學工業開發股份有限公司」（中石化

公司）合併。

1960 年代，台鹼安順廠曾是東亞最大的五氯酚製造廠，外銷日本製造農藥，卻隱瞞製程中會產生汞與劇毒戴奧辛。戴奧辛不溶於水，為脂溶性，透過食物鏈持續累積在身體內，不容易排出，會造成免疫系統異常與癌症。

經濟部早在 1982 年台鹼關廠前就已知該廠污染的嚴重性，但直到 1999 年，才被台南社區大學研究員、中華醫事學院副教授黃煥彰意外發現而揭發；2004 年成功大學接受委託檢測台鹼安順廠旁的一老婦人血液，竟發現其戴奧辛濃度高達 308.553 pg.I-TEQ/g 脂質（1 皮克 pg 為 1 兆分之 1 克，I-TEQ 為國際毒性當量，世界衛生組織 WHO 訂定安全暴露值為每公斤體重 10 pg），刷新世界紀錄，驚動國際。

當仁不讓，邀請南部律師共同參與

2004 年，我參加靜宜大學生態所陳玉峰教授主辦的「環境佈道師營隊」，因而認識黃煥彰等環境運動夥伴，開始了解台鹼安順廠污染事件。有鑑於地下污染事件嚴重，如桃園美國無線電公司（簡稱 RCA）等跨國公司長期挖井傾倒有毒溶劑，台灣自身亦不乏許多公司以此不法方式污染土地，我決定投入資源、串連行動。

「蠻野」一開始即在台鹼案中扮演重要角色，從案件評

估、參與各項會議、田野調查、收集證據，到串連資源、與學者合作研究，蠻野都投入大量人力與時間，包括當時負責的吳君婷、藍慧珊等律師，經常前赴現場，每次往往在台南待一星期以上。現今有愈來愈多律師陸續加入公益訴訟行列，但20年前願意投入環保公益的律師極少，甚是單打獨鬥。「蠻野」當時集結許多環境工作者的力量，只要有環保團體有法律需求，我們就當仁不讓。

然而，台鹼案受害者眾，根據估計少說有數百人，每家每戶都有悲慘的癌症故事。由於「蠻野」無法以己身有限能力扛起如此大型之案件，因而由我們擔任橋梁、提供法律說明與諮詢服務，並陸續尋求「台南律師公會」支持成立律師團、「法律扶助基金會」共同參與。後來，法律扶助基金會為此成立專案與提供專職律師服務，為受害民眾承辦訴訟案件。

國家帶頭，經濟奇蹟犧牲淨土

台鹼安順廠戴奧辛污染一案，是台灣典型不顧一切追求經濟發展、而造成嚴重破壞環境的惡例。經濟部身為國營事業主管，放任事業體非法排放在前、之後又企圖以中石化已民營化卸責推諉，在拚經濟榮景背後，徒留廢棄物污染，造成居民與生態環境的惡夢。

這段時間我常去台南，不時參與地方人士與政府的會議。

當時政府早已因道路施工需求，發現污染區域已如滾雪球般愈滾愈大，無論是柏油路下、或溪底池泥都受到嚴重污染，甚至棄置土深度超過一人之深。印象更深刻的還有：即便居民身上的戴奧辛超標數倍，仍對新聞曝光憂慮不已：魚蝦貝類含致命劇毒，自己早已食用下肚多年，捕撈的漁貨賣不出去；土地污染嚴重，沒人敢搬過去住；未婚男女承受異樣眼光，找不到合適對象；眼見癌症如病毒蔓延，因住在鄰近污染區，往後連保險都買不到……。

整個社會現象弔詭至極：

民眾一方面向政府求救；另一方面又怕太多訊息曝光，繼續擴大生活上與精神上的損害。

政府面對我們一再要求爭取資訊公開，始終不願意揭示（或許擔心要負國家賠償責任？），讓環保團體承擔莫大社會壓力。

幫助受害民眾求償，捲動更多的議題討論

例如，由於舉證工作需要更深入的研究支持，政府是否有責任協助釐清？戴奧辛檢測費用高昂，每人每次 4 萬元，在在都是極大負擔。2005 年，政府急就章通過 5 年 13 億「人道關懷補償金」，對受害的上千多戶來說，顯然不足、也未有通盤規劃。然而，中石化也不願整治、拒絕負責。2008 年，受害

居民決定以集體力量向經濟部和中石化求償。

　　一般人打官司，都希望勝訴，但「蠻野」的理念不全然是如此。我常說「最好不要訴訟，但不排除訴訟。」因爲往往訴訟對象（如財團、政府）的資源，絕對比你多上太多！但一旦進入訴訟，重點未必是勝訴，而是如何透過訴訟凸顯問題、取得更多資料，並進行公民教育，提醒全民關注，以便制度性改變／改善。這樣的理念思維，也許跟一般律師的想法不同，甚至有人完全不能接受。

　　我們提請環境公益訴訟，功成不必在我。除了爲受害人（或受害之物種）爭取應有的尊嚴，另一方面更是希望爲環境議題與公共利益等更上位的政策，做出改革。是故公益訴訟的成敗，並不能端看個案輸贏，即使官司敗訴了，但由於訴訟過程捲動了更多朋友加入社會討論，增加了對開發單位的監督與壓力，甚至改變了某些不合理的法令政策與執行手法，這才是「蠻野」進行公益訴訟最積極重要的意義。

爲拚經濟付出環境與健康的慘痛代價

　　2015 年 12 月，台南地方法院就纏訟 7 年的中石化安順廠污染國家賠償案，做出居民勝訴的判決：中石化與經濟部必須賠償新台幣 1 億 6 千 8 百萬，全案可以再上訴。在 2017 年 8 月，台南高等法院的二審判決卻大逆轉，法院認爲經濟部沒有國賠

責任。最後，於2018年11月28日，最高法院裁定出最終判決，中石化需賠400多人共1.8億餘元確定，但經濟部則免賠確定。纏訟多年，居民得到遲來的賠償，卻始終沒有等到國家的一聲道歉。最初的213位原告居民，已經有62位離開人世，青春與健康喚不回；其他第二代、第三代的居民因環境荷爾蒙與污染負面效應，持續受害中。

台鹼的環境公害事件絕非個案，也應作為政府積極進行國營事業民營化時最好的借鏡。另依據美國有害廢棄物清理20多年的經驗，關於台鹼污染之清理費用與後續整治、生態復育經費，已預估耗費50億元，再加上對居民身體健康照護的賠償，以及必須耗費二、三代時間才能看到整治成果的時間成本，如此龐大支出，絕對是政府當初始料未及。

盲目追求經濟發展，卻未將「環境成本」納入經濟發展評估的重要一環，而今成為揮不去的夢魘。這就是政府犧牲環境，換取短期經濟利益的嚴重代價。

註 ：〈2004回顧：台鹼安順廠戴奧辛污染 世界第一〉，2005年1月12日，台灣環境資訊協會策畫報導；〈揭發史上最嚴重的戴奧辛污染事件！無良企業最恨他，「鬼阿伯」不甩威脅堅守台灣25年！〉王君瑭撰文，2021年2月4日，《今周刊》。

　　成立蠻野心足生態協會後，我常有機會與同仁們各處去走走，從宜蘭福山植物園、「台鹼案」所在地台南、雲林湖山水庫，到屏東人工湖，拜訪我們的山林、平原等的「生態客戶」、接觸更多樣的環境議題，參與環評之後又打開不同的廣度。

　　其中，台中后里與我兒時的農場生活很像，是農民之鄉。空氣中著飄散著香水百合氣味，黃色、粉色、雪白等各色繽紛，百合種植面積高達 100 公頃，占全國六成，年產量 120 萬支。走進全台花市裡，每兩株百合就有一株產自后里，堪稱是「百合王國」。黃色文心蘭猶如曼妙女郎婆娑起舞，火鶴花、劍蘭、繡線菊、非洲菊、金花石蒜，一道道花海各依時序爭豔奔放。光是花卉，這裡年產值超過 30 億，出口歐洲、日本、新加坡，堪稱台灣最重要的花卉產區之一。

　　除了花卉，本地居民種植稻米、高麗菜等食材品種遠優於美國進口貨，紅蘿蔔還銷往日本、港澳各地，后里馬鈴薯更不輸北海道。后里的溫馨人情也與兒時記憶類似，純樸自然，至今我仍記得當地農友如廖明田、陳欽全的手掌，刻劃著生命歲月、彷若泥土般溫潤親切，滿溢如同小時候奶媽一家人的親密感，思緒彷彿帶著我穿越時光，拉回摘菜、撿雞蛋、擠

牛奶的每一個清晨。

「我們看不懂環評書。但是請聽聽我們后里人的心聲。」他們語氣中，每每難掩激動。科學園區對后里衝擊至大，政府只片面宣揚地方即將繁榮、就業機會增加，及土地增值的美夢；但先前已設立之興豐鋼鐵廠、正隆紙廠、后里焚化爐造成之水污染、噪音及空氣污染，早已威脅到鄉民賴以為生的種植與健康，居民直到自己的水梨園、祖產農田被徵收為中科聯外道路用地，這才發現「擱欲來啊」，自己又將成為新駐產業的受害者。

以促進經濟為名，實則環境謀殺

2005 年，蘇貞昌擔任行政院長時，極力推動「兩兆三星」政策，兩兆商機指的就是「半導體」與「面板/影像顯示產業」。主管機關尋尋覓覓擴廠基地，最後在該年 3 月選出台糖后里農場與七星農場作為「中科三期后里園區」，一前一後分別送環保署進行環評審查。

「科學園區」只是美其名的「工業區」代號。台灣第一個科學園區、也就是「竹科」，即是典型全球化下的產物：由人民買單所提供的租稅優惠、便宜水電等投資條件，吸引外國廠商或財團前來投資，看似提供許多就業機會，但完全沒有考慮到生態影響，等同假促進經濟之名造成環境謀殺。尤其，由於「科學園區」好康太多，許多工業區送審不過，索性改以「科

學園區」之名闖關。

　　安全、無污染，往往是高科技迷思。事實上，只是那些污染物尚未被列管。尤其，台灣環保相關法規或標準經常取材自美國，但移植過來後，條件卻變得寬鬆，70 年代，美國就已提了 300 種左右的化學物應該列管，包括 O_3（臭氧）、SO_2（二氧化硫）、PM_{10}（懸浮微粒）等，結果台灣列管的只有六項，無論是致癌物、列管物等應規範的種類數量都大幅縮水。

　　再者，排放物可能因屬他國出口廠商商業機密，無從得知製程中用了什麼原料，甚至連台灣業者自己可能都不清楚，遑論對民眾健康與環境風險的思量。

　　舉例來說，鎵、銦、鉬是為光電產業特有使用物質，自製程清洗流入廢水中，屢屢造成嚴重環境公害及民眾健康疑慮。然而，當時的法令糟糕到將光電廢水等同於一般工業廢水，友達、華映造成的新竹「霄裡溪污染」事件即是如此，當地居民喝下有毒廢水長達 13 年，而這三種重金屬直至 2010 年才納入管制。而後，環保署甚至允許業者把廢水排放到桃園大溪老街溪，廢水污染問題並沒有解決（編按：中華映管及友達光電公司於 2015 年 12 月 31 日完成「製程廢水全回收、零排放」工程後，已經沒有新增污染物流入霄裡溪流域）。

　　諸如此類以促進經濟之名，進行的環境謀殺不勝枚舉。還好，可以試著透過環保署的環境影響評估力挽狂瀾。

充滿問題的環境評估報告

　　中科三期「后里基地」已在前一屆的環評委員會通過，率先進行開發。2005 年 8 月我接任環評委員之際，得知下一個全新送審的「七星基地」即將闖關，同期環評委員周晉澄（現為台大獸醫學院名譽教授）邀我加入專案小組，共同研究審查。透過調查環境議題、培力農友成立自救會組織（日後發展成為「台中市后里區農業與環境保護協會」），「蠻野」也成為日後此案的監督團體之一。

　　中科七星基地開發案，由行政院由上至下傾全力支援該案快速開發，並曾多次指示環保署必須在 2006 年 4 月前通過環評審查，以利 5 月 1 日動工興建！可以想見，在政府與財團的期望與運作下，環評通過勢在必行。

　　然而，此份開發案自始至終就存在許多無法說服的問題，包括：

一、位於斷層帶的科學園區產業高耗水、高耗能，卻無法充分交代其巨量用水、用電來源。

二、直接衝擊到以水資源為命脈的農業，揚名國際的花卉產業無水可澆灌、賴以維生的水稻農作等無水可供生長，將導致 1 萬多位農民面臨休耕。

三、實地現勘後，我們發現光電廢水確實會直接污染大甲溪中下游的內埔、大安與大甲之農田，文蛤等養殖業者也會深受其害，當地農民曾被迫多次北上抗議。

四、溫室氣體排放量、具體化學物質名稱、廢水與空氣污染對居民健康風險的評估，都無從掌握。倘若農業大倉的灌溉水源全遭污染，就等於所有糧食都受污染，重金屬、毒物隨之下肚。

其他尚有對當地景觀、經濟效益及文化資產造成的影響，有關地質和斷層問題的相關資訊……。多位具良知的環評委員主張事關重大，應進入第二階段審查、謹慎評估。

被批為「經濟絆腳石」，只為不讓環評會淪為橡皮圖章

回想起來，這一屆的環評委員組合非常精采，包括對健康風險提出疑義之周晉澄、專長空氣污染研究之徐光蓉，以及雖非環保團體出身、卻是后里在地學者、任職於農試所的郭鴻裕，針對水資源分配問題深入分析；另外，還有陳光祖、鄭先祐、劉志成、李根政、詹順貴跟我，每一位都是個性獨具、被認為是難搞的「經濟絆腳石」，讓政府單位相當頭痛。

民進黨執政之際，任用環保團體出身的署長張國龍，當時所有的環保團體都對其寄予厚望。然而，環評會議中的 21 位委員中，有 7 位是官派代表，而 14 位專家學者除了上述 9 位之外，不乏認同國家既定政策者、身兼廠商顧問者，或無暇就其學養認真投入審案者。是故，若環保署堅持「過關」的案子，只要官派委員鐵票部隊加上 4 位委員即可過半。我們 9 位只能力抗環評會成為橡皮圖章，也趁機讓社會大眾認知環評的

價值，爭取公民支持。

在行政院強力主導下，環保署在一個月內為中科三期連開三次審查會議。中科三期七星基地，於是成了環評史上少見快速闖關的案子：2006 年 3 月送審、6 月即通過、7 月公告。

行政院人情請託，環保署撤換會議主持人

2006 年 2 月，為了確保此案環評安全過關，政府開始遊說施壓、動員媒體，我本人甚至兩度接獲高層致電關切：「文委員，中科這個案子很重要，請多幫忙。」或許因為我太過直接拒絕，在審查中科七星案前夕，環保署刻意撤換擔任會議主持人的我，種種舉動嚴重傷害環評的獨立性，迫使我和另外 8 位環委向行政院抗議，要求「留給環委沒有政治干擾的審查空間！」

同年 6 月環評審查，環保署首度動用表決，說穿了就是「假民主、真護航」：儘管多數學者專家投下反對票，行政單位仍動員官方代表到齊，讓表決通過。其中，支持有條件通過的 5 位官派委員根本「從未」親自參與專案小組討論。當我質疑環保署把環評委員當敵人，卻把財團當朋友的荒謬，張國龍署長還怒而揚言對我提告。

為了讓居民更清楚知道科學園區與其相關的一切，「蠻野」與諸多環保團體數度南下對鄉親舉辦了不下十場的說明會，邀請專家學者分析問題風險，並邀集其他科學園區受害居

民分享經驗。2007 年由蠻野發行《后里戰報》，幫助鄉親更了解后里土地污染問題。另外，有包括：林三加，吳焜裕、廖本全、杜文苓、陳秉亨、邱花妹等無法一一致謝的朋友們積極投入。在蠻野同仁陳素姍協助下，自救會南北奔波陳情，犧牲寶貴農忙時間，還必須領受政府的無能與失能。

史上第一宗撤銷「環評審查結論」，居民勝訴定讞案件

「中科三期」是台灣環境運動的縮影，也具有重要的代表性意義。它是國內史上第一宗撤銷「環評審查結論」居民勝訴定讞案件，堪稱環境史重要里程碑。全案由「蠻野」協助當地居民，提出撤銷環境影響評估許可，2008 年 1 月，台北高等行政法院判決環保署敗訴，通過的環評被撤銷，農民取得勝利！

然而，這樣就成功了嗎？不，其過程只是在在突顯出「法律僅供參考」：行政並不尊重司法，一次勝訴仍無法讓行政部門改弦易轍，尤其是 2008 年 5 月馬英九執政後一直到 2014 年，「中科三期（七星基地）」歷經大量訴訟，以及無數抗爭行動。

非常令人遺憾，馬英九執政時期下的環保署、國科會（現為科技部）不願依照法院判決要求中科三期停工，對民眾訴求置之不理，行政團隊甚至硬拗說「停工，不停產。」即只有公共工程停工，污染繼續排放。當過立法委員的閣揆吳敦義，把中科三期七星基地的判決，貶成「烏雲、符咒」；哈佛大學法

學博士的馬英九也發聲力挺，為中科三期的另類「歷史性」再記上一筆！

環保署放任廠商加速施工。2008 年 4 月，友達光電依然取得建照、準備進駐，數台大型吊車在高空中吊起精密設備，數千位工程師穿梭在廠區內趕工裝機，一切按照計畫進行。政府與廠商繼續踐踏環評制度，直到時間證明產業政策錯誤，迎來光電產業日薄西山，「兩兆三星」黯然收場。

中科三期的議題，把科學園區爭議之能見度拉高，讓「中科四期二林園區」等開發案件不敢再任意胡作非為（編按：2012 年 10 月，中科四期成為國內史上第一件撤銷「區委會開發許可」居民勝訴案件，雖該判決最後並未維持）。人民得以看清政府如何玩弄法律，政府機關如何帶頭漠視、扭曲司法判決。

最扼腕的是，在台北市環保局任內有所建樹的沈世宏，接下環保署長重責，本有機會實現種種友善環境理念，卻每天忙於寫新聞稿維護政策、攻擊詆毀不同意見，甚至登報譴責法院，這樣的消耗時間與公關資源，實在令人感嘆。

為了夕陽工業，犧牲高價值農產品，不顧糧食安全

猶記每回環評審查會議上，陳欽全等人帶著文心蘭、繡線菊前來與會，相較於其他案件火爆的環評開會現場，氣氛緩和平靜許多。陳欽全不止一次這麼告訴大家，「文心蘭在日本拍

賣一枝 300 日圓，火鶴一枝 200 日圓。不是只有高科技產業，后里農民也在爭取外滙。」台灣眞的是一個寶島，物產豐富獨步全球，爲何要捨棄高價位農產品，盲目追求耗水耗能又長期污染、容易被國內外市場淘汰的所謂「高科技」產業呢？

那些年，本該頂著炙熱彎腰水田、默默插秧的農友，每週得花上 3、4 天的時間，穿梭在台北環保署、立法院、高等法院之間奔走。這一日，廖明田等人帶著好幾箱的馬鈴薯、水梨等農產一字拉開，上頭還插著豔麗熱情的火鶴、站在白布條前挺身捍衛農業，要求政府正視「農業也是產業」。是啊，當許多亞熱帶氣候地區已然成爲沙漠、綠洲一點一滴消失，台灣憑著中央山脈屏障，無論平均降雨量、氣溫、日照，都是農作生長的有利環境。把農地犧牲作爲科學園區、威脅糧食安全，這是什麼道理？

近 10 年的漫長爭議，終於在 2014 年 8 月 8 日達成以下和解（摘錄）：

中科三期訴訟
和解筆錄全文

一、環保署應將最高法院 102 年度判字第 120 號判決摘要及本和解協議刊登於中國時報、聯合報、聯合晚報、自由時報、蘋果日報全國 A 版半版及環保署全球資訊網首頁，並承諾後續中科三期環評程序依上開判決及和解協議辦理（註）。

二、成立公益社團法人：

（一）科技部應於 104 年（至遲 105 年）編列 3,000 萬元經費，捐助成立以落實及促成憲法、環境基本法

與其他環境法規所規定之環境保護與環境權之保障為宗旨之公益財團法人（註：即106年設立的環境權保障基金會）。

（二）自105年（至遲106年）起接續4年，每年各編列500萬元之經費，捐助上開公益財團法人。

（三）設置董事9人，三分之二由被告科技部自台中市后里區農業與環境保護協會、社團法人環境法律人協會、社團法人台灣螢野心足生態協會、財團法人地球公民基金會、台灣大學法律學院環境永續政策與法律中心所推薦之12名人選中遴選指派之，若無法從中選出足額董事，應就不同意人選敘明理由退回，由上開單位另推薦二倍人選，由科技部遴選指派之。但退回以一次為限。

（四）董事會應每3個月召開1次，並設執行長1名。

（五）主要任務在於：環境政策及個案之監督、規劃及執行人民環境權保障之案件。

（六）上開（三）（四）（五）之規制均應訂於捐助章程內。

三、中科局應修改「科技部中部科學工業園區管理局后里園區（后里農場及七星農場）環境保護監督小組設置要點」第二點，就小組成員中之專家學者7人部分，改為由中科局以公開方式徵詢當地居民、農民、環保團體等之意見後決定之。環境監測資料及會議紀錄應於該局網站定期公開揭露。

四、中科局應將「中科三期（后里基地—七星農場部分）開
　　發計畫」停止開發並回復原狀之可能情形，包含對於回
　　復原狀可能費用及成本效益分析、回復原狀所需之時間，
　　以及對於環境及居民可能產生的影響等事項，納入第二
　　階段環境影響評估審查之替代方案。

五、原告其餘請求拋棄。

六、訴訟費用各自負擔。

　　區間火車緩緩來到后里，一路望去，焚化爐、正隆紙廠的
煙囪持續吐向天空。中科三期改變了廖明田、陳欽全等后里居
民的逆來順受態度，他們的長期堅持更是讓人敬佩不已。「后
里區農業與環境保護協會」至今仍專責監督中科空氣、廢水污
染。

　　中科三期也改變了我，往後因此持續關注小農耕作產銷、
土地正義議題，開辦友善環境的「呷米蔬食廚房」社會企業（詳
見第 190 頁）……。

註：最高行政法院 102 年度判字第 120 號判決。

編按：包含「蠻野」律師陸詩薇、蔡雅瀅在內參與的「中科三期環評訴
　　　訟」律師團，獲選為中華民國律師公會全國聯合會 2011 年度優
　　　秀公益律師。

09 ———— 【屏東、台東】走進天涯海角，
不要告別「阿塱壹古道」

　　夜幕低垂，我在旭海沙灘邊聽浪聲，遙望阿塱壹，潮汐長浪來回拍打海岸邊，從中央山脈滾動而下的鵝卵石隨著海濤來回沖篩，洗去了塵埃、磨去了稜角，洶湧合奏著太平洋之曲。這樂音太過震撼我心，任何立體環繞音響都無法與之比擬。

　　黎明過後，我決定赤腳追隨先人足跡，於晨間步上阿塱壹古道。首先，享受著卵石海灘的寧靜、踏上亂石尖銳的崩崖岩層，眼見峭壁與海洋緊緊相依，必須算準海波節拍、跳浪踏石，以免被海浪吞噬，對大自然的謙卑敬意油然而生。繼續往前走，進入那些比我還高的海岸林草間，探索豐富多樣的生態教室，偶爾沿著繩索攀山而行、回望山海之間獨一無二的原始海岸線，喔！美極了。此時此刻，彷彿聽見空氣中的歷史密語，在感官之間，湧起了一股最純粹的感動⋯⋯。

　　只有親身走過，你才能領略它的美。這是阿塱壹古道，是天涯，也是海角，是台灣僅存的海岸淨土。北起台東達仁鄉的南田，南到屏東牡丹鄉的旭海，是原名為「琅嶠（恆春古地名）—卑南古道」其中一部分，亦是早期部落與部落間遷移運輸的路線。

人類必須懂得自然的語言，阿塱壹古道，就是這樣一個得以讓人類與自然親密接觸的空間。然而，它也被視為台灣環島公路網的唯一缺口，卻一度曾被公路總局規劃開通隧道，台灣最後一段沒有水泥、消坡塊等人造工程的原始海岸線，岌岌可危。

集結在地公民團體與律師共同守護阿塱壹

2006 年時任環保署環評委員的我，在初春審查台 26 線台東達仁安朔到屏東牡丹旭海濱海公路開發計畫（即阿塱壹古道）的變更內容對照表時，調閱歷來環評書件，赫然發現 2002 年台 26 線安朔至港口段公路早已闖關成功，通過環評審查。這個原本計畫從安朔到港口 80 多公里的路段，竟然只開了一次環評審查會就准允通過，不僅「效率極高」、令人咋舌，審議期間更無任何現場會勘，讓我著實吃驚。

雖然行政院考量到該地位於地質敏感區域又礙於經費，僅同意先開發 11.9 公里，但這樣的過程，匆促到缺乏周詳的規劃、亦未充分思慮對生態環境的傷害，因此我立即聯繫邀請「屏東環境聯盟」洪輝祥參與，並委請其串連社運團體。由「蠻野心足」每週收集資料，提供環評資訊，協助大家掌握會議進度與內容，開闢環保署與地方二處戰場。

於是，「守護阿塱壹運動」，由屏東環保聯盟擔任要角、博仲法律事務所提供義務行政訴訟，陸續有千里步道中心、荒野保護協會等諸多環境運動夥伴團體加入，在多方努力下，如

滾雪球般引起社會大眾注意。

　　爬梳資料後發現，官方所謂台26線的重要性，根本不在於完成環島公路網，而是一條「核廢公路」：如果順利完工，恆春核三廠的廢料，就能快速運送到阿塱壹古道北側的南田部落；因為南田村前方的原始山頭，即是台電堆放核廢料的預定地之一。

留下古道？或興建核廢要道？

　　亦有許多人挾著開路以繁榮地方之名，美其名是改善經濟、增加商機，提高往來便利性。且不論開發道路、炒作土地等等的巨大利益，都落到外地人口袋，原住民頂多是揮汗打工賺取微薄工資而已。如前所述，開路在環境上將造成不可逆的破壞；所吸引到的卻都是「路過」的遊客。

　　尤其，一樣金額的經費，原住民優先需要的絕對不是一條公路，而是維繫鞏固享受原鄉土地的自足生活方式。如此寶貴生活文化、生動歷史及進入部落互動、深度永續性的生態參與，更能吸引國內外遊客常駐流連，這才是台灣最有競爭力的觀光瑰寶，商機一樣驚人。

　　由於這段道路將通過天然海岸林、礫石海岸、特殊地質景觀、歷史古道及原住民人文遺址、切斷墾丁國家公園與中央山脈物種的基因連結，對環境與文化的衝擊太大，在環保團體與部分地方人士長期抗議之後，公路局因而重新修正路線規劃，

提出環差報告重新審議，無奈在 2010 年底台 26 線公路環評差異分析，最終仍是「有條件通過」，憂心不已的大夥兒只能積極尋找替代方案。後來援用「文化資產保存法」中對「自然地景」的規範，獲得屏東縣政府暫定為自然地景保留區，但保護期限只有半年。於是在 2011 年 6 月，協同藝文界人士、學者專家挺身聲援，再度召開「搶救阿塱壹千年古道」記者會（註1），希望達成 10 萬人聯署目標、扭轉開路命運，讓中央與地方政府正視並積極保護阿塱壹的山海自然區域。

所幸，屏東縣曹啓鴻縣長支持保留阿塱壹，並多次參加相關活動表示關心。2012 年，屏東縣政府確定將旭海觀音區段列為「自然保留區」，看似危機稍作解除。但橫跨兩縣份的阿塱壹古道台東那端，仍然堅持開發，必須等待公路總局最終放棄，並由內政部出面將其劃設為國家級自然保護區，才能永保阿塱壹的自然美好（編按：2023 年 6 月因為阿塱壹古道工程水泥化，嚴重破壞棲地，引起環保團體高度關心，見註 2）。

請聆聽大自然千萬年的語言

一路上，原住民解說員說起著回鄉這幾年觀察到的海岸線，早已不一樣了。當時還有牛車踩踏的海岸線已嚴重退縮，過去長輩們在岸邊撿拾綠蠵龜的經驗（註3），也成了記憶的一部分。

號稱「地產大亨」的穿山甲，依稀隱身在草海桐的沙丘下。

冰河時期遺留下來的活化石台灣海棗，黃色果子結實累累。而手上的這顆南田石，承載著數億年訊息，又經過太平洋數百萬年的洗禮。我想告訴你：如果你也喜歡它，請讓它回到原來的地方，繼續聽它和地球情話綿綿。

常有人說動物和環境不會說話，所以我們必須替它們請命。但事實上，動物並非不會講話，而是人聽不懂。身處於沒有人造喧囂的阿塱壹，可以聽見土地、風與海洋和動物的原始語言，而這些語言都比任何人類都還古老，超過幾億年、數百萬年，如果現在不保留下來，我們將永遠沒機會學習，也永遠無能了解。

從南一路向北緩行漫遊，在即將抵達阿塱壹古道的台東終點南田，歷經一整趟的免費腳底按摩、赤裸雙腳終得舒緩之際，路邊竟然滿是寶特瓶、塑膠袋，我甚至能得以從中拾起一左一右的廢棄布鞋、拖鞋，混搭成雙，恰與身後的原始美好，形成了最諷刺的風景對比。

踏上柏油路的那一刻，解說員揶揄說著，「歡迎回到文明」。是啊，我們不斷驚豔並自豪於台灣的美麗，不也逐漸知曉美麗的哀愁與苦難，正是來自於我們所謂的「文明」？！

註 1：記者會報導請參考〈搶救阿塱壹 馬修連恩：公路像 利刃割開山和海〉一文，楊宗興報導，Newtalk 新聞， 2011 年 6 月 22 日。

註 2：詳情請參考〈阿塱壹古道工程破壞棲地 立委促落實生態檢核〉一文，常懷仁報導，大紀元。

註 3：根據國際自然保育聯盟（IUCN）紅皮書受脅評估指標，綠蠵龜瀕危等級列為 EN（瀕危）。綠蠵龜廣泛分布於全球，以熱帶及亞熱帶海域為主。台灣也是綠蠵龜重要的棲地之一，主要產卵地為澎湖、蘭嶼、小琉球及南沙群島的太平島，產卵季節集中於夏季 4 至 9 月。由於綠蠵龜的產卵地及覓食地因為和人類的生活重疊程度高，因此海岸及沙灘的開發和水泥化、人類活動及燈光之光害都是造成全世界大多數地區綠蠵龜族群數減少的原因之一。

延伸閱讀：《我在阿塱壹，深呼吸：從地理的「阿塱壹古道」，見證歷史的「琅崎—卑南道」》，張筧、陳柏銓著，幸福綠光出版。

延伸閱讀：《千里步道，環島慢行：一生一定要走一段的土地之旅》，周聖心、徐銘謙、陳朝政、黃詩芳、楊雨青著，幸福綠光出版。

　　小時候，常聽爸爸回憶起那段住在紐約市的日子。天還未亮，當時還是個孩子的他，經常趕著早上 3、4 點起床，因為居所公寓附近就是濕地沼澤，他可以穿梭其中，採集昆蟲植物，開啟一天美好。我聽了非常羨慕，也很難想像，在繁華都市鄰近處，竟有一個地方得以親近自然。

　　後來，因緣際會認識了一個江湖「查某番」的歐巴桑劉麗蘭。她個子小小的，草根味十足、生命力旺盛，生猛有勁，令人欽佩羨慕。我才知道原來在大台北城捷運可及之處，只要步行 6 分鐘，也有一處原始綠地。那裡有山、有濕地，動物、植物豐富多樣，野生螢火蟲夜裡閃閃發光：放眼小農安住自家田園，開放民眾共享得天獨厚的山林生態，那便是「土城彈藥庫」。

有泥土味的人情社區，即將消失

　　大雨過後的土城彈藥庫，寧靜依舊。每天早上 10 點到 12 點，劉麗蘭家下方的遮陽棚，儼然就是「老人安親班」。清晨農事結束後，長輩們各自帶著點心、水果來此泡茶喝酒，說國事、談心事……，直到中午回家吃飯睡午覺。「不高興罵一罵，然後再笑一笑過日子。」劉麗蘭很自豪，如此帶有泥土味的人

情社區，才是都會珍寶。城市裡，住民多是互不相識、自掃門前雪，然此地「只要一戶有事，眾人就站出來」的患難與共，黏著於土地之情，溢於言表。

無心插柳保住的自然生態

土城彈藥庫，位於土城區埤塘里，一般稱為國防部「勤篤營區」，彈藥庫範圍 96.4 公頃，因軍事管制而成禁區。曾作為管制區禁建長達 50 年，外在干擾與開發不得進入，陰錯陽差地意外保留住樸質自然的生態景觀。2002 年陸續解禁，直到 2007 年最後一批火藥軍品清空後，在地居民終得自由進出自己家門。目前土地所有權分布軍方約有 26 公頃、私人土地約 50 幾公頃、公有地約 10 幾公頃。

可惜軍方在管轄權尚未移轉前，沒能與相關單位、在地居民協調，就陸續撤除崗哨戒備，以致該地成為「三不管」狀態，包括：小偷罪犯橫行，地下工廠趁機進入、傾倒工業或建築廢棄物，甚至用廢棄物填埋埤塘、將濕地變成掩埋場、良田變廢土。

另一方面，早在 2001 年左右，彈藥庫的居民們配合農委會「一鄉一休閒」政策，陸續轉型為生態農場，依時令推出不同農事體驗、生態教育與供市民租用的市民農園。許多住戶小農，凝聚彼此進行社區營造，成為頗受注目的示範地。當時台北縣政府也經常委託學者專案研究規劃社區作為與發展前景。

2006 年我擔任環評委員時，傳出法務部計畫將「土城看守所」搬遷至土城彈藥庫；地區居民又聞慈濟思量至此地蓋醫院、財團如遠雄也有意進入開發……，這才方知當時的台北縣政府與行政院正連同開發商，覬覦這片土地。政府藉由建立司法園區等「國家重大建設」之名，擴大都市計畫範圍、連帶區段徵收周邊，進行大規模開發，毀棄原有生態豐美的家園林地。

　　原計畫開發面積廣達 162 公頃，其中 30 公頃為司法園區、慈濟醫院 5 公頃、2 公頃校園用地，剩餘 127 公頃為商業區與住宅區，且四級坡以下之山林將全部剷除，四級坡以上才留作土城市民之公園綠地。

　　為捍衛自己的家園、保住幾代以來的耕地，劉麗蘭等人只得四處陳情、到處碰壁、求助無門；「綠黨」的溫炳原等此時邀請我一起前往了解，思考問題的出路。面對政府以開發主義無限擴張，不合理圈地劃地、強占民地，社會大眾除了要抵抗、要行動，讓議題獲得關注，也許還可用創意解決、並行滿足雙方需求。「土城彈藥庫」開始了我對社區協力有機農業的想像與實踐之路。

祖先留下來的田地竟然變成「公有」，乞丐趕廟公

　　許多人好奇，「開發不好嗎？這樣土地不是可以增值？」為何還有一群人不願意住進高樓華廈，執意堅守祖先留下來的

田地，不願意享受現代開發與房價上漲的好處？他們說著，寧可放棄成為「憂鬱的有錢人」，也要將生態淨土、城市綠肺的最大利益與眾人共享，繼續當「快樂的種田人」。

「田地都是祖先留下來，這裡就是我們的根。」世居彈藥庫超過五代的劉麗蘭說起，1953 年大部分的平地被軍方以 1 坪 8 元強制徵收，且多是可以耕種水稻、蔬菜的平地，許多長輩回想起被徵收的祖產，心中仍舊激動吶喊，「政府說拿就拿，敢若土匪。」100 多位在地居民，因為務農窮困，沒錢只能留在原地，不僅無法增修房舍，還得面對不定時的彈藥爆炸危險。相機、鞭炮都算是違禁品，沒有路燈、宵禁甚嚴，甚至入內探親訪友皆須受到管制，居民常揶揄自己，「一口氣當兵當了 50 幾年。」

苦了近 60 年終獲自由，在居民們朝著「綠色家園」的理想邁進之際，政府與財團覬覦開發利益，以「司法園區」包裝，欲將位於商業區的土城看守所遷至僅「2.2 公里」遠、位於文教區的土城彈藥庫，明顯是「為搬而搬」。

該規劃案中，計畫將彈藥庫的農地蓋成水泥建築，卻將原看守所遷出後的閒置空地，再次改造為「公園綠地」與住宅：破壞 162 公頃土城彈藥庫綠地，美其名規劃所謂的綠地，其實只增加 10 公頃公園，意圖明顯。

再者當時土城空屋率 14.36%，高於全國空屋率 13.9%，依法不得辦理擴大都市計畫。另外司法園區只占「幾十公頃」，卻徵收「100 多公頃」的土地。

農作無毒轉型，廚餘堆肥減碳又健康

我的加拿大裔工程師好友劉力學，是非常具創意的「ㄆㄨㄣ」先生，擅長把廚餘變堆肥、垃圾變黃金。受教於他，自 2005 年開始，我就在自家「博仲法律事務所」的屋頂，開始進行屋頂花園、堆肥廁所，藉由自行製造的廚餘堆肥滋養作物，自耕自食，打造出可食地景。後來，我靈機一動，何不鼓勵土城彈藥庫居民轉型，朝向生態無毒有機農場邁進？

是故，首先引介臨海農場的劉力學替大家指導堆肥模式，利用廚餘改善土壤。受其種植與市場經驗鼓舞，「沒想到青菜也可以這麼有行情啊。」大家心情一陣雀躍，土城彈藥庫居民「輝要有機農場」的邱顯輝率先投入，開始收ㄆㄨㄣ做堆肥、完全不使用農藥化肥或殺蟲劑，確保人與土地健康。

為了支持這樣的生產行動，自 2006 年起至今，「博仲」也與土城彈藥庫建立 CSA（Community Supported Agriculture，社區協力農業）、ESA（Enterprise Supported Agriculture，企業協力農業）關係：由消費者承諾共同投資，以換取農場收成、承擔農業風險，吃當季、當地蔬果。每週固定配送一次，每次至少 5 種蔬菜，讓農民與消費者成為合作夥伴，透過各種方式建立深切互動。此舉意外帶動不少媒體報導、企業跟進，「輝要無毒農園」一時成為台北知名度最高的無毒菜園之一。

2007 年，當地居民共同發起成立看守土城愛綠聯盟、土城區生態保育協會成立，「蠻野」與其他友善團體協同籌辦彈藥庫之小農市集。這些伴隨居民成長的崗哨和庫房、「反攻

祖國，光復大陸」的標語，不僅是台灣最大的彈藥庫，見證近代史軌跡，比列為古蹟的草山行館和中正紀念堂的歷史悠遠，是毫不遜色的觀光財！參與者得以從彈藥庫認識歷史、認識土地、認識小農，找到更多支持純淨土地的理由。

為生態請命，請珍惜會發光的土地

不只找回健康，這裡還發展出浪漫的故事。博仲事務所的外國同仁因著長期互動，榮幸成為在「土城彈藥庫」第一對結婚新人，在老樹、有機田園見證下，舉辦 CSA 農場婚禮、後據聞接續亦發展「低碳婚體」。對環境的低衝擊性，也促成綠色商機，堪作環保生態趨勢表率。另外，邀請到德國知名導演莫尼卡·楚特（Monika Treut）拍攝紀錄片，許多社運工作坊於此籌辦、國外有機農業團體來交流取經，舞蹈家許芳宜等藝文人士加入，更匯聚了諸多能量。

隱沒在山林裡的土城彈藥庫，因為有著喜愛彼此的人、土地與作物的互動，集結出猶如火金姑般的閃閃光芒，替彈藥庫的未來照亮了新的方向。

附註：土城彈藥庫「反看守所不當遷移」運動，主要參與團體：土城愛綠聯盟、土城區生態保育協會、OURS 專業都市改革組織、綠黨、蠻野心足生態協會、樹黨、主婦聯盟、中華民國自然步道協會、台大城鄉所、綠色陣線、台灣蝴蝶保育協會、台北市野鳥協會……。

——不當開發的絆腳石？
回顧環評委員生涯

　　以前有個電視節目，叫作「玫瑰之夜」。其中，有個司馬中原的單元，開場白是這麼說的：「中國人怕鬼，西洋人也怕鬼。」

　　雖說全世界的人都怕鬼，但其實我覺得台灣人特別怕鬼。為什麼呢？因為台灣人每次要辨別事情真假之前，都會問，「有影嘸？」（北京話：真的嗎？）

　　大概就是因為我是「外國人」、母語並非台語，每次想要搞清楚緣由，總能發現語詞與文化環境的奧妙。每當我向大家說起這個觀察，聽聞之友人無不哈哈大笑。

我看不見鬼，但我感受得到萬物皆有靈

　　2005 年時任「台灣蠻野心足生態協會」理事長的我，被推薦擔任行政院環保署「環境影響評估審查委員會」委員，心裡其實相當忐忑。因為環評委員雖是無給職，但是地位上等同於部會次長職級，職責上必須針對動輒數百億元的重大公共建設，審查其對環境經濟和社會可能造成的衝擊，每一個判斷都攸關台灣整體環境與社會影響。

　　我是一個「外配」，並非土生土長在台灣。雖然中文還不

錯，但是面對環評報告動輒幾大冊龐大而複雜的文字資料，已經極爲吃力。更何況，猶如夥伴們所說，這些資料就像是偵探小說，要辨識挖掘出埋藏在文字粉飾與數據迷宮背後的眞相，的確需要時間、意志與同仁們共同協力。尤其，臨場體驗後，還會發現：「沒有寫出來的才是重點，被隱藏起來才是事實」。

當時靜宜大學生態學系的陳玉峰教授（現任教於成功大學台灣文學系）曾經對我這麼說：「在全台灣，沒有其他人比你更適合擔任環評委員。因爲你可以看見別人看不到的東西。」這句話，給了我很大的肯定與鼓舞。

我看不見鬼，但是我感受得到萬物皆有靈。山神、水精、樹靈、風仙子、花蟲鳥獸一直都在我們身邊。我沒有超能力扭轉時空，但我曾經眼見美國過度開發與浪費思維下造成的環境災難，因此可以預見，總是以美國爲標竿的台灣，未來極可能也是環境破壞殆盡。

我是不受歡迎的企業絆腳石

在眾多環境運動界朋友的支持鼓勵下，我毅然接下這個挑戰，任期從 2005 年 8 月至 2007 年 7 月爲止。自此，「蠻野心足生態協會」絕大多數資源投入相關工作，諸如：研讀資料、安排知識觀念及經驗分享講座、審查申請案件，討論會議紀錄。這段期間，同仁們與我都是苦樂參半、雀躍與挫折交替，更多的是無盡的憂慮。

回顧我從商業律師轉身投入環境運動，心中有諸多感慨。以前替企業發聲的時候，似乎人人尊重，處處以禮相待。後來參與環境運動，為公義挺身而出，卻常常面臨被警察驅趕架走的窘境。於是，我成為財團的絆腳石，政府機關、開發單位最頭痛的人物。尤其，對於環保署、其他政府機關，以及所謂的環評公司、某些「專家學者」來說，我是一個不受歡迎、甚至很頭痛的環評委員。現在想來，或許是我對開發單位與其支持者所做的理念溝通還不夠。

令人期待嚮往的《環境基本法》何日實現？

　　我國《環境基本法》早在於 2002 年就經過立法院三讀、總統明令公布。通篇法典都充滿進步意識，令人期待嚮往。以下且隨意貼上兩個條文，以饗讀者：

　　第二條：本法所稱環境，係指影響人類生存與發展之各種天然資源及經過人為影響之自然因素總稱，包括陽光、空氣、水、土壤、陸地、礦產、森林、野生生物、景觀及遊憩、社會經濟、文化、人文史蹟、自然遺蹟及自然生態系統等。需求，同時不損及後代滿足其需要之發展。

　　第三條：基於國家長期利益，經濟、科技及社會發展均應兼顧環境保護。但經濟、科技及社會發展對環境有嚴重不良影響或有危害之虞者，應環境保護優先。

　　也就是說，無論個人、官員、企業、環評委員、媒體……，

都應該從對環境所可能造成的衝擊層面去檢視每一個開發案。而且，這部法律這裡的環境，不只是指「自然環境」，也包括了人類活動的「社會環境」，和「經濟環境」。這已經不僅止於「普世價值」，而且已經法律明文規定。

第二條說明必須認知地球負擔的極限，「發展不可損及後代」；第三條高舉「環境優先經濟」。

遺憾的是，幾乎每個單位、顧問公司、多數署內委員同仁甚或環保人士都覺得我的看法不切實際或是唱高調，也經常遭遇「因人廢言」地對待。每每我想表達卻少有被聽進去，某些可能極有意義的對話也經常被打斷。倘若我的委員同仁能稍不驟下判斷，或許必能發現與我有著諸多交集處，大可充分交換彼此建設性的意見，進而導出皆大歡喜的解決方案。

即便如此，我依然相信李奧・帕德（Aldo Leopold）在《沙郡日記》（Aldo Leopold A Sand County Almanac and Other Writings）的那段話，就足以言簡意賅地說明了生態與經濟評估原則：

「我們要判斷某件事物的對錯時，只需要了解其對於生物群聚的整體性、穩定性及優美性的影響。正面就是對的，負面則是錯的。」

（A thing is right when it tends to preserve the integrity, stability and beauty of the biotic community. It is wrong when it tends to otherwise.）

立法懈怠，《環境基本法》淪為沒有牙齒的老虎

　　《環境基本法》被公認為一部環境保護的政策法，當中所包含許多具有法律位階的環境生態保護的基本價值決定，故將其視為法律基本原則亦不為過，因此每個條文都很值得期待。

　　但從 2002 年 12 月 11 日公布施行迄今，卻少見相關政府機關在法律制度研擬時充分將其做為政策引導，或乃至於在具體個案決策裁量時納為判斷準則。讓一部具有前瞻價值的法典如同「沒有牙齒的老虎」。

　　然則，基本法的確可以做為行政機關行使裁量權時的裁量基準，以及法院解釋法律時的解釋原則，值得行政、司法主事者留意。只不過，基本法的具體實現待主管機關與立法者就個別環境領域，根據基本法精神制定更詳細、更專業的法律。如果沒有各該專業法律，單靠基本法，行政機關不僅不能對人民科處罰緩，也不能逕行作成任何影響人民權利義務的法規命令。所以仍須督促合宜立法、監督行政。

環境基本法全文

PART 5

讓我們參與改變

經濟或商業以自然為師，提供每個人尊嚴工作的機會，

可形塑永續的綠色經濟。

但是，要做出改變，就必須建立新的模式：

例如丹尼爾‧昆恩主張的「部落式社會」，

並採取漸進有階段性的行動。

從現在起，請給自己和地球一個機會，

讓我們和大自然一起療傷復原。

01 ————如果我是經濟部長

過去曾經接獲很多朋友的鼓勵，說我是「環保署長」的最佳人選。

我心裡知道這是很「禮貌性的恭維」，但還是很阿Q地當作是對我在環境運動努力的肯定。我同時心裡一方面想著：「其實，我最想扮演的是經濟部長啊！」

預防、解決生態破壞，要溯自經濟面著手

為什麼是經濟？因為經濟是創造「各種可能」的行動者，環保署卻是坐視其行動結果，只能「擦屁股」、收拾殘局……。清除污染無法解決環境問題，反而掩蓋了罪惡，讓加害者、被害者變成「眼不見為淨」。必須走在行動的前端，力行「循環才是自然之道」，這樣就不會有污染，不會有廢棄物。當經濟行動以「自然」、「循環」、「共生」為念，「環保署」應該是不需要存在的。

這是我擔任兩年環評委員的「臨床」心得。

原本，我曾天真的以為與幾位菁英夥伴進去環保署擔任環評委員就可以改變破壞生態的荒謬。實際參與後才知道：環保署只是行政院所轄各機關之一，而且比起相同位階的國防、經濟、內政、交通等「大」部會，只是個不受重視的「小」部門，

負責的都是吃力又不討好的「擦屁股」之類業務；想做「防患未然」的事情，都會踩到其他部會職權而遭受抵制。再者，內容美好的《環境基本法》，卻未被好好落實。

所以，我決定從「經濟」面來徹底實踐「環境基本法」。簡單來說，解決生態問題必須從經濟面著手，才可以釜底抽薪式地減少傷害。

向大自然學習的永續經濟，才不會損害子孫利益

我們平常講經濟，究其實，都是短暫的「效益」，非永續的「循環」。

且看，民選「公僕」因為任期 4 年有政績壓力、政府單位有考績壓力、民營單位則有業績壓力、學術界亦有考評升等壓力……。因此，大家的思維與行動都習慣追求短暫呈現的「效益」，甚至藉此博取媒體、網路好評。而立竿見影的急切作為，必然造成不惜犧牲不會說話的生態，以及反正今生看不到的後代子孫環境。

我期待的是與生態共存共好，循環善用地球資源、生生不息的「永續」經濟，這一代的好，成為下一代的基礎，而不是像現在的以鄰為壑式的污染，也不是殺雞取卵式的地球快速暖化、氣候極端變化。這樣的經濟，才是長長久久、利己利人利它的永續經濟。

永續是什麼？宇宙早已存在 150 億年，地球存在至今已經

46 億年，如果在人類可存在期間，做到傳承保有乾淨空氣、潔淨的水、安全的食品健康，讓下一代繼續享用，那就是「永續」。

所以，永續經濟就是滿足當代的需要，同時不損害後代利益的經濟。

樹木比我們更懂經濟，種樹帶來科技式奇蹟

有人說，「一台電腦現在很平凡了，但一棵樹，那是科技啊。」

大自然懂得以最少的投資，創造出最豐富的生物量，這就是「經濟」。

以樹木為例，它使用太陽能，不需要插電；它密集的樹根和氣根可以充分汲取水分，不依賴澆水。一棵樹可以形成一個生態圈：提供昆蟲與微生物棲息、鳥兒覓食樂園，人類在樹下乘涼、工作，自然與人文和諧共生。這樣的生態圈，只有資源，沒有廢棄物。

如此所構築的共生機制，比起工業系統的設計，毫不遜色。所以我說，樹木比我們更懂經濟。也期待現在與未來的工業生產、商業和科技可以模仿大自然，發展出具備生態效率的經濟，徹底消除廢棄物。

我想要當什麼樣子的經濟部長？

經濟部長的最大的任務就是引導大家去思考：「我們需要什麼樣的經濟？」

每種資源都是從搖籃到搖籃，沒有廢棄物

我認為，商業必須以自然為師，一個好的經濟部長，引領社會提供每個人尊嚴的工作機會。但是要做出改變，都必須有階段性的行動——只要給地球一個機會，地球就可以自動療傷復原。

我期待到了 2030 年（編按：這是 2013 年的許願），台灣能達成食物完全自給自足，沒有石化業，百分之百零廢棄的經濟，所有的東西百分百都是有用的資源、都跟大自然一樣，可以「從搖籃到搖籃」，沒有廢棄物。甚至，以後連汽、機車都可能是不需要的。

以大麻來說，衛道者只拘泥於其是吸食興奮劑而視為違禁品，因此忽略了大麻本身還是具有醫療功效的麻醉鎮定劑，並且整株植物有非常多的用途。

早期在沒有塑膠出現之前，麻可以作為支撐用的桌子，甚至現在很多鋼鐵做出來的東西，以前都是用麻做的。在 20 年代，福特汽車的外殼就是用麻打造而成的。1941 年，福特設計出新的概念車，就是用黃豆塑膠為素材，作為車身、變速檔頭、油門踏板，以及連斧頭都擊不破的引擎蓋，輪胎則是用麒麟草製作。

我剛來台灣的時候，到處都在蓋房子，然而建築工地的鷹架大都是以竹子做成的，而非鋼鐵。就連登山背包也是竹藤做的，不是用輕鋁。可以想見，植物有太多的用途，而且台灣是植物天堂，足以創造很多就業機會。而這些植物，萬一不能使用時，還可以做爲燃料，餘燼回到塵土。

生態經濟，是永續性的搖籃

產業還可以嘗試更積極的循環經濟，針對所需生產需要的用品，並採取超越「買賣」轉變成「租賃」的創新思維。舉例來說，想開一間咖啡店，不需要買杯子、桌子、咖啡機，只要向某些租賃公司租，由它維修、回收、處理，負責其從產出到回收的一切。甚至，我們的衣服都可以是租的，只有極少數有紀念的用買的。

這是狂想嗎？不是。全世界最大的商業大樓地板地毯生產廠商的「英特飛」（Interface, Inc）就做到了。英特飛重新創造了商業系統，地毯根本不必買賣，他們率先爲市場提供了地毯的永久性租賃，而非販售地毯，從地毯的顏色、設計、暖度，到腳底舒適感、改善室內的空氣，甚至到地毯的回收處理，它都負起了「產品延伸責任」，對地毯負責到底。

還有沒有其他具體的方案？我有具體的方向，可供大家討論，但必須要確認我們的前提是在同一個思考範疇中。現在，環保團體跟政府、廠商，對話，只能是被安撫、最多做

當生態遇上商業：《商業生態學》的啟示

　　商業與生態之間如何達到平衡？是我一直在追尋的答案。在《商業生態學》一書中，作者以一個企業家的身分，將大自然的「生態」環境與「經濟」這兩股強大的力量結合一起。兩者最大的不同在於：沒有大自然的生態系統，經濟便無法依存；但沒有人類的經濟活動，大自然卻仍會永續經營下去。

　　這看來既真實又諷刺，但真相就是如此。對「生態」來說，不管人們用再好的「生態工法」，或抱持「人定勝天」的態度，強加某些東西在大自然身上，在重重圍困中，大自然仍會找到自己的出路。

　　從英文來看，生態與經濟之間的矛盾與平衡，似乎早在字面上有了解答。英文的「生態」（ecology）與「經濟」（economy）的共同字根「eco」，就是「家」的意思。「家」是什麼？就是涵蓋了環境、空氣、水、土壤、地球，以及我們賴以生存的一切。生態與經濟透露了相同的意念，答案也在這裡。但是，人們仍無法確定要如何取得這兩者之間的平衡，問題出在哪裡？

　　《商業生態學》指出了方向，並試著調和這兩股力量。書中探討了所謂商業、企業與謀生所運作的架構核心，而這個架構幾乎是所有人生存的形式，但同時也是生態環境瘋狂遭受破壞、無法永續的最大元兇。

人們總是汲汲營營的追求利益，企業也是如此。如果企業責任定位於「追求股東的最大利益」，當企業為了賺錢而一味擴充，要說服並阻止他們變成一大難題。另一方面，企業在協助解決社區、社會及環境議題上的貢獻，也很難獲得股東正面評價。但其實這本來就是企業應當承擔的義務！所以，「企業責任」的定位應該徹底改變，才能讓商業與生態不再衝突。

《商業生態學》可做為企業與大自然如何和平共生的指南，誠如它的原文封面副標題：「一個可永續的宣言」（A declaration of sustainability）！

孫沛芬／採訪撰文

延伸閱讀：《綠色資本家：一個可永續企業的實踐典範》，雷．安德生（Ray C. Anderson），新自然主義出版。

延伸閱讀：《商業生態學：商業也可以很生態》，保羅．霍肯（Paul Hawken），簡妤儒譯，新自然主義出版。

小小妥協讓步，從沒被重視「為什麼」的思維價值？更從未被徵詢「怎麼做比較好」？立足點完全不同，所以經常雞同鴨講，甚至被怒目相視、被指責為妨礙發展。

很多人說台灣現在很進步、富裕，很多家庭都有數台車子，可是偏鄉如雲林、屏東，很多人根本連基本生活都負擔不起。表面上經濟指數不斷上升，但是那是以國民生產毛額計算的，社會所付出的環境代價並沒有被算進去，都是因為著眼於短暫利益。

眼前各種生態與社會危機，都是我們基於對商業和經濟體制的錯誤基本假設而產生的。要改變現況，重新設計體系的秘訣其實就在自然裡，你會發現商業活動與環境保護是可以並行不悖的。

生態 ecology 與經濟 economy，都是 eco ／生態，都有一樣的「eco」字根，道理已不證自明，答案昭然若揭，透露了前提是必須照顧好我們賴以維生的生物與非生物。所以說，商業可以很生態，企業也得以與大自然共存。

02 ——— 經營博仲律師事務所：
超越文明、超越階級

「與存在的現實戰鬥，無法改變事情。要改變事情，必先建設一個新的模式，讓原有的存在模式黯然失色。」

～巴克敏斯特·富勒（美國建築師、哲學家與發明家）

You never change things by fighting the existing reality. To change something, build a new model that makes the existing model obsolete. ～ Bulkminster Fuller

　　我創辦法律事務所、擔任老闆超過 30 年，大家看到台前的「文魯彬」，如果充滿光環，其實是夥伴集體智慧展現的結果。每當有新的點子出現，我始終仰賴周邊同仁的意見與建議，「嘿！我有這個想法，你覺得如何？」我深信，唯有靠著大夥兒腦力激盪、不斷對話，這樣的組織才會進步。

驚喜閱讀 Daniel Quinn 好書，茅塞頓開！

　　當時還是商務律師的我，在 1998 年和太太洪美華一起到美加西岸旅行，一方面去探訪爸媽、另一方面我們也找尋一些對 21 世紀最具影響力的書籍，評估引薦回台灣出版的可能。在這之前，我早就注意到了在 1991 年以《大猩猩對

話錄》（Ishemal）獲得小說納透獎的丹尼爾・昆恩（Daniel Quinn）。昆恩在那本書中，以全新的生態觀、世界觀和對人類文明的顛覆解讀，引起了美國社會極大的迴響和省思，被稱為是「當今世紀最偉大而且最有洞見的思想家」。

因為《大猩猩對話錄》的關係，我帶回了他的新作《Beyond Civilization》。我還記得我們律師事務所年度大事「所務會議」的那晚，全所 80 多人在這兩天一夜的共識之旅，盡興喧囂玩樂，我卻因為有點疲憊先回房休息。沒想到睡前拿起這本書後，欲罷不能、愈看愈覺得振奮，裡頭許多想法與我不謀而合（編按：本書由幸福綠光出版，書名《探索文明的出路》；2018 年復刻改名為《當文明成為高牆》）。

《當文明成為高牆》書中主要內容之一是談「組織」。有一種組織，是「文明」結構下的產物，特徵就是具備「階層性」（hierarchy），在此複雜的社會組織中區分出統治者與被統治者。另一種組織，則叫作部落式。儘管英文的 tribe（部落）、tribalism（部落制度、部落主義），常帶有負面污名，經常被認定為原始的、落伍、野蠻，但這裡談的部落組織卻是超越階層，大家平等、同樣重要：因為「部落」就是它的成員，若有誰不重要，他就不可能成為部落的成員。

誠如巴克敏斯特・富勒所說：「與存在的現實戰鬥，無法改變事情。要改變事情，必先建設一個新的模式，讓原有的存在模式黯然失色。」

不再為企業建金字塔，要為求生存而平等工作

現今的社會、職場的階層制度與過去埃及法老王時代並無二致，90% 的多數大眾，正腳步沉重地為法老王推石頭、建金字塔，誠如昆恩所述，「他們並非喜歡石頭或金字塔，只是因為沒有其他方法可以讓食物出現在餐桌上。」換言之，文明提供了安定生活，但文明愈進步，人未必愈幸福：我們不斷追求更多、更好、更富足的生活，卻成為人類心靈的負擔，為物質競逐所綁架。

人們需要一份薪水過活，於是無奈又無從選擇，只能安慰自己，「生活就是這樣」。正因我們不願意質疑「文明是人類最終極的成就」，以為文明能讓我們得到最好的東西，但沒料到伴隨而來的卻是不安、焦慮等心理疾病不斷增加，社會動盪、戰爭隨時引爆，我們愈來愈需要可以減輕負擔、遺忘一切的東西。更令人擔憂的是，環境不斷惡化，更多物種被滅絕，甚至人類也在滅絕的名單之中。

還好，昆恩讓我們知道，文明的另外一種選擇：部落制社會組織，而且人類早在幾百萬年前就運作得很上軌道。舉例來說，馬戲團就是一種部落組織，為了所有內部的成員而存在，包括搭帳篷的、拉繩索的、表演者、動物、團主，他們是一群人的結合，為求生存而平等的工作（編按：如同台灣早期的歌仔戲團）。

馬戲團是平等互信合作，迪士尼是階層社會

　　馬戲團的存在不是爲了賺錢，反而賺錢是爲了馬戲團繼續存在，馬戲團必須在財務獲利與照顧成員的平衡機制上運作，否則大家想來就來、想走就走。團主不總是好人、也要扮黑臉，但正因爲部落是大家生存的重要依靠，所以他們想當然爾認同這個部落、會拚命做好，支持彼此。部落生活提供給成員的最大利益，就是提供他們從搖籃到墳墓一輩子的安全感。

　　或許你還是會想問，馬戲團跟迪士尼的差別？是的，馬戲團是部落，而迪士尼是階層社會。「迪士尼有員工，沒有成員，不提供員工的生活方式，他只發給薪水，……即便擁有者從投資中獲利，但員工永遠只是員工。」昆恩在《當文明成爲高牆》做了很好的譬喻。

　　無論從早期的獵捕、採集食物、或巫術，到現在的某些馬戲團、獨立媒體、劇團、餐廳、建設公司，部落人留給下一代的不是財富，而是可靠的生存方式。這樣的社會組織已經完好運作了數百萬年，它讓求生存變得容易，不若文明只讓少數的特權階級過著好日子。儘管短暫的「文明」讓我們走上歧路，但部落式的絕對不會功成身退：現在的我們不必再發明任何東西，只需要重新找回那些已經存在的智慧（編按）。

勾勒我的部落式企業藍圖,感謝與珍惜每位同仁

其實,台灣許多小企業本來就是以非常合乎部落意識的方式開始創業的,大家全力以赴打拚、一生休戚與共,是生命共同體。我決定,把昆恩的觀念落實在我的事業裡,為大家創造出最好的工作環境、提供夥伴「有尊嚴」的工作。

那時候,台灣還不流行「社會企業」這個名詞。但是我們事務所的老闆薪水,比起一般同規模事務所的老闆還來得少,這是所有同仁都知道的事實,而且事務所對員工慷慨、還有分紅機制。不過,從社群互動、透明與溝通,到協調管理、無階級、善用多元性,我想我可以做得更多。

考慮到律師這行的高度個人專業性,昆恩曾提及部落式的組織,並不適用於律師事務所,但是我並不覺得有何衝突,相反的,其實正與我的經驗契合相應:我是如此地需要每一個人,若非仰賴大家的協助,何有今日的「文魯彬」?若非每一位同仁的共同努力,這樣深具口碑的律師事務所從何而來?

夥伴儘管能力不一樣,但同等重要,這才是「部落」的精神。部落組織裡雖仍有老闆,但是老闆跟清潔工的差異只是「可取代性」不同。對我來說,組織裡非常需要很會引案(找客戶)、很懂得照顧客戶的業務夥伴,一將難求;但在整體運作上,熟稔公司文化,能與主管思維共感、懂得溝通傳遞「眉

角」的幕僚秘書，又彷彿是組織轉動不可或缺的螺絲釘，對於組織來說，業務、秘書都是同等重要。

於是，我總結了這幾年的所思所想，大膽地勾勒了一份屬於我與我的部落企業願景與行動方針（將英文「roadmap」，命名為「事務所的願景」），同時開始調整腳步、實踐理想。我由衷的感謝與珍惜過去每一位同仁，在我需要的時候，都不吝伸出援手。面對接下來的腳步，雖然我不確定這是「繼往開來」、或是真正的全新出發，不過可以跟夥伴們一起攜手共創，我已經滿懷無以名狀的喜悅。

編按：位於新竹尖石鄉知名的泰雅族司馬庫斯部落，成立司馬庫斯部落議會，以集體力量為基礎，實踐「土地共有、合作共生」的生活價值，族人簽訂共同經營契約，留住土地、保留文化、實踐部落自治，這個現在進行式的部落生活模式值得參考。

延伸閱讀：《當文明成為高牆：為什麼生活在進步的社會卻不快樂？》（Beyond Civilization：Humanity's Next Great Adventure），丹尼爾・昆恩（Daniel Quinn），黃漢耀譯，幸福綠光出版。

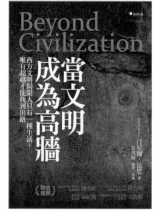

03 ——— 我與我的部落企業願景，行動中

法律界裡有一句經典是這樣說的，「糾紛是律師的守護神。」唯有糾紛才能為律師帶來業績與經濟利益，既真實又諷刺。我自己雖然也經營律師事務所，但一直以來我都認為律師最應該扮演的角色是「協調」：調解兩造、釐清事實，闡明法律疑義、讓彼此充分了解，知所進退而創造雙贏。

所以律師事務所也可以是「社會企業」。最理想的狀況，我們可以拒絕服務諸如製造垃圾食品、加工食品、基因改造食品的業主、對環境造成高污染的科技公司、刺激高排放碳量的汽車商、售予台灣核能設備卻不需處理核廢料的跨國企業，只專注於我們希望創造的共識與美好，替社會解決問題。

具「社會企業」精神的律師事務所

當然，有人質疑這樣的想法是唱高調、過於「烏托邦」，因為永遠會有願意服務這類社群的律師事務所接手、為利益打官司。但從現實的另外一方面來說，我們仍可以打造一個對員工而言最好的環境，而且不管是哪一種形態、專精何種業務的律師事務所，我都覺得可以秉持「社會企業」精神，提供社會真正需要的服務，創造員工認同的價值、提供有尊嚴的工作機會。

2002 年我邀請幾位合夥人創辦了「博仲法律事務所」，這也是國內律師法修正之後，第一家由台灣和外國律師合夥成立之法律事務所（註1）。

「企業不是老闆的，而是社會的」，企業經營對我來說有了全新的意義，這樣的領會並非來自幾個月的醞釀，而是早已在我腦海中思索了數年。這回我將我的管理三典（《富足人生》、《當文明成為高牆》、《商業生態學》）的理念放進事務所的未來，為此勾勒了一張藍圖，希望能為同仁們所認同。

名為「事務所的願景」」（roadmap）的部落企業願景與行動方針藍圖，是一封 18 頁中英文對照、寫給同仁們的長信，後來也成為我和合夥人的契約附件（註2）。

如果有 10 億元，你還會做現在的工作嗎？

首先，我想請我的夥伴們省視自己的生活，試問自己「如果有 10 億元，我想做什麼？」

如果大家的答案是，「繼續做現在正在做的工作！」那麼，我和事務所就成功了！這意味著我做到了這個承諾：創造了一個滿足物質、心理與精神需求的絕佳的工作環境。因而儘管外在求職市場有高薪相誘、或是個人已然經濟充裕，同仁仍不作考慮他想、欣然留任。

回想過去在齊麟時代，儘管我對生命意義、工作本質與生活方式，有諸多領悟，但與合夥人、員工們沒有溝通好，這是我的錯，這次我不能再犯了！

爲了促使「透明化」及「溝通」兩項目標早日達成，我決定建置內部網站，包括自己與每一位同仁的個人網站，屆時所有的夥伴都可以隨時進入，選擇公開分享或非公開的形式提出建言。

三大目標：法律專業、優質環境、最佳公民

以我自身的網站及早建置作爲表率，事務所內部網頁內容，包含事務所的預算（創業起始投資、收入、付款、支出及業務計畫）、業務推廣計畫（商務旅行與會議等）、對事務所建議等事項，同時爲了更加貼近新事務所成立的三大目標：「提供專業法律服務」、「創造優質工作環境」，以及「成爲最佳在地公民」，我也會在網頁上發表我對事務所的觀察與具體建議。

我的財產在第一年就向全體同仁公開，以實踐我對事務所的承諾，也就是我個人財產公開透明（編按：指的是博仲法律事務所初創的一切資產，包括：客戶、軟硬體、同仁……，全揭露給合夥人、同仁知曉）。

但是大家別誤會，這對我來說不是一種「犧牲」，而是一種「對未來的投資」，同仁們不需要有跟進的壓力與必要。只是當時基於我對事務所的承諾，尚且無法完全訴諸於文字，暫且透過公開我的財務狀況，有助於大家了解我內心想法的轉變。

把事務所當作「部落組織」來經營，大家雖在此為求生存卻能平等工作，是我的理念。我不得不說，我很喜歡《當文明成為高牆》書中的提到的一個觀念，那就是：「公司對同仁薪俸的給予，盡可能地以同仁的需求為準則。」

透明公開：溝通取代猜疑、尊嚴取代威權

這樣的思考並非意味著公司沒有考慮到人力供需、企業體的生存，而是藉著這樣的機會去想像，如果公司的薪水發放標準是以個人「需求」為前提，這會產生什麼樣的面貌與結果？社會是否會變得很不一樣？

其實，每個人的基本「需要」（而非「想要」）都是差不多的。但同樣的薪資報酬，對單身者而言、或對需要撫養子女的員工來說，滿足程度可能有所不同。既然企業的本質，就是要在財務獲利與成員照顧取得平衡，那麼滿足成員的需求、讓他們取得安全感、無後顧之憂地工作，不就是我們的責任？

所以在博仲，討論薪水，包括父母生病需要費用、家中有多人要撫養等私人理由，都是可以談論的話題。雖然我原本還

想廢除祕密薪資制度，但同仁仍有疑慮，只得暫緩，是故後來除了個人基本薪資保密之外，所有的數字都可以對全體員工揭露，包括每個人拿到的獎金分紅、公司財務狀況，都是公開可見的資訊。

讓溝通取代猜疑、以尊嚴取代威權，對促進內部透明對話來說，亦是好事。

我發現這樣的機制長期運作下來，其實雙方談出來的薪水條件和市場行情差不多，但是對事務所的「滿意度」卻大為提高。不過我想，這應該不只是具體金錢滿足的原因，還有被工作環境尊重、需要的感覺。

創造熱忱貢獻氣氛，打破個人和事業的界線

老實說，要找員工來上班，我深深抱持著罪惡感，因為金錢並不一定能夠換取到時間，然而員工卻犧牲了他們睡眠、與家人相處的珍貴時光，來為事務所工作。所以，身為創辦人的我，怎能不好好對待員工呢？人們常說，良好的工作環境是奠定組織成功的基石，那麼我們就應該讓所有同仁覺得彼此已擁有了最好的工作環境，為大家創造熱忱貢獻的氣氛。

除了令人滿意薪資報酬、新鮮有趣的工作內容，理想的工作環境條件應該也包含未來的發展機會（包括能否出名、生活豐盛、充實感、成就感，或其他個人認為重要的條件），以及

同事之間相處融洽且相互扶持。讓同仁有歸屬感、感受到自我已融入大我，不再僅侷限於小我的「個人」或是「事業」，也就是：打破人與環境、他人的隔閡，成為社群（community）的一部分。

我們的具體細節做法，包括：給予多樣受訓機會、鼓勵發展個人專長、提供安靜工作環境、如上述無須擔憂財務壓力的安心感，以及盡可能掌握未來前途發展（或即便無法完全掌握，但至少可以減少不確定感）。

此外，事務所從原本的台北火車站前的「新光摩天大樓」，搬到後來的重慶南路上，我們也重新裝潢辦公室、減少隔牆，試著讓每位同仁享受「自然採光」、感受大自然溫度。推行綠化辦公室、將綠意導入空間，營造充滿生命力的工作環境，增加放鬆休息的角落，吸引且鼓勵大家好好離開辦公桌、活動活動筋骨。

為了讓同仁有更多生活彈性，夥伴有時可以選擇在家工作、為兼顧家庭而休假，也可選擇公司內部托育或社區托兒照顧，後續進一步發展為「綠辦公室」系統（請見第 181 頁）以及「帶小孩上班」等特色（請見第 178 頁）。

管理改成照顧：服務客戶，更要服務員工

我認為，「員工」也是事務所最重要的客戶之一。因此，所謂的「工作」，就不僅限於一般性客戶案件，事務所的內部服務也是我們重視的一環。

在我認知的部落企業裡（tribal business），每一個人的角色都很重要，他們一起合作，只是因為這是他們的工作。他們依賴這個團隊，但老闆不是絕對權威，只是一個主要協調者，就像是「楊麗花歌仔戲團」裡要有楊麗花、搖滾樂團裡要有團長，綜合協調團隊意見、釐清目標，協助同仁保持工作熱情。

我深信：「團隊需要什麼人，就會找到什麼人。」因為不止是我們需要同仁，而是同仁們也認同這件事，同時又能透過這個工作維持生活。站在彼此需要的基礎上，職場上的階級文化就應該被打破。

如何根除「階級」？我想就要從重新定義「管理」（management）這個字。管理的對象主體是人，所以管理人的意思，應該是「照顧人」。我們開放所有的會議，每個人都能選擇自由參與，甚至出版與事務所無關的出版品，包括我花了兩年才爭取到中文版權的《當文明成為高牆》、1985 年由保柏・布雷克（Bob Black）所撰的《廢除工作》（he Abolition of Work）小手冊（註3），享受並實踐有尊嚴的工作。

　　我們並不阻止任何同仁選擇專注於特定領域，但盡可能鼓勵大家參與事務所的各項事務（無論是否牽涉法律專業）。儘管實際的效率問題應該被考量，但是所謂的「效率」，絕非是我們評斷個體工作表現的唯一標準。

實踐公民義務：營業額 3%，為地球而捐

　　自我 2003 年創立蠻野心足生態協會後，博仲法律事務所即開始支持並積極參與台灣環境議題，博仲法律事務也成為蠻野心足生態協會之最大支持夥伴，並在 2008 年加入成為「捐 1% 給地球」（One Percent for the Planet）計畫成員，將每年的「營業額」的 3%（非「利潤」的 3%），捐款支持蠻野心足生態協會，以及其他環境保育相關機構，並主動義務為「蠻野」提供法律服務。

　　回到這個老問題，「如果有 10 億元，我想做什麼？」文魯彬，我，無論有否 10 億元，都仍想做這樣的工作。

　　雖然在 2015 年，我已從這個一手創立的事務所退休，但部落企業的願景與精神，在任何一個地方都能持續實踐。

註1：根據律師法 第116條：「外國律師向法務部申請許可執行職務，應符合下列資格之一：一、在原資格國執業5年以上。但受中華民國律師聘僱於中華民國從事其原資格國法律事務助理或顧問性質之工作，或於其他國家、地區執行其原資格國法律業務之經歷，以2年爲限，得計入該執業期間。二、於中華民國91年1月1日前依律師聘僱外國人許可及管理辦法受僱擔任助理或顧問，申請時，受僱滿2年者。」

註2：這封名爲「事務所的願景」（roadmap）的內部公開信，從公布起始、至文魯彬2015年底從博仲退休前，每一位來應徵的同仁都必須完整讀過、表達想法，才能進入最後面試。

註3：《廢除工作》（he Abolition of Work）小手冊，保柏・布雷克（Bob Black）撰文，林震洋翻譯。

編按：博仲法律事務所，被《亞洲法律雜誌》譽爲台灣最佳智慧財產權事務所。2010年，被亞太和波灣地區法律專業人士，選爲亞洲最佳雇主。2015年，《Asia Legal Business Magazine》評選爲年度最佳雇主。

04 ＿＿＿＿和小孩一起上班去

不論是社會環境、經濟環境，都不能置外於自然環境。要從事環境運動，要先以「人」為本，這也是向來我對一切社會運動的主張。

找回失落的愛與幸福，事務所也可以很「社會」

1997 年，我又讀到了一本書，由珍‧萊德羅芙（Jean Liedloff）寫的《富足人生的原動力：找回失落的愛與幸福》（The continuum concept : in search of happiness lost），深受其影響，改變了我對經營事業的觀念。我開始思考，一個企業的服務對象，除了客戶，更應該包括同仁與社會。

我相信，人應該在小時候和母親建立親密的懷抱經驗，獲得足夠的注意力與安全感。但是，現今社會結構與企業工作方式卻是把媽媽和小孩硬生生切開，那是不自然的，家庭親密感與照護功能會隨之被削弱崩解，今天種種「人」的問題，或許這是重要關鍵。

後來我成立新的律師事務所「博仲」時，規劃幼兒托育空間就成了理所當然的元素。雖然我自己沒有小孩，但在 2005 年，我們決定在員工數不到 50 人的事務所裡推行「帶小孩上

班」機制，辦公室內闢有可愛育兒空間、哺乳室，裡頭有保母陪寶寶玩遊戲、陪小孩畫圖，等爸媽下班。有時候其他同仁會來這裡看可愛的孩子，小孩也會在午休或下班等時機，走到任何同仁桌前「串門子」。

提供育嬰空間，爸媽帶小孩一起上班

一開始有同事反對，覺得嚴肅正經的事務所裡有小孩跑來跑去，有損專業形象。可是後來發現，有客戶來訪時看到辦公室裡有寶寶跟小孩，大受感動，好感倍增；甚至回去跟公司討論分享「博仲」的托兒理念。

實施一段時間之後，我觀察到員工向心力愈來愈強，小孩成了辦公室共同話題，也是公司最重要的「資產」，因為小朋友口中的叔叔、阿姨就是自己同事；流動率也降低，同仁待上10 年的資歷還算是「資淺」；也因為有小孩子在旁「監督」大人如何解決問題，同事很少吵架，公司氣氛也變得平和。小孩的神奇力量，帶來了前面我提到的組織部落化的雛形（詳見第 164 頁）。

保母費是由員工自行負擔，也曾有薪資較低的員工和事務所提出討論後，獲得相當的補助。雖然事務所的確為額外的育嬰空間付出成本，但是公司的成本，不能以每坪房租價格來計算，而是以能不能讓員工快樂、安心工作的代價來計算。

什麼是你的夢幻工作？

我們事務所也提供其他友善家庭的措施，包括在家工作、5 天陪產假，12 週的育嬰假（比勞基法多出 4 週），若同仁想要繼續請育嬰假也沒問題。但也許同事太愛公司了，續休育嬰假的人不多。當然，也可能是我這個奸詐老闆的計謀得逞：提供同仁得以滿足生活需求的選項，他們會做得更好更多！

企業必須同時照顧同仁和社會，我向來瞧不起那些只顧「營利」的企業。律師事務所雖然是營利機構，但不單只是為了營利，也是為了提供好的工作機會、提供好的服務，同時回饋社會。對企業來說，「博仲」證明了不是只有專注獲利、降低成本，才是企業經營成功的唯一法則。

那麼，對同仁與員工來說，什麼又是「夢幻工作」呢？容我再說一次，如果你已經有了足夠的金錢可以生活，卻仍想繼續從事現在的工作，那肯定就是世界上最棒的工作！

延伸閱讀：《富足人生的原動力：找回失落的愛與幸福》（The continuum concept : in search of happiness lost），珍・萊德羅芙（Jean Liedloff），吳愛頡譯，新自然主義出版。

05 ——— 以「人」為本，有尊嚴的綠辦公室

大病初癒後，我就立志終身捍衛台灣土地，並經營出「有尊嚴」的辦公室，減少地球負擔。尤其，企業占用過多社會資源，必須做出反省與行動。

「不傷害社會、環境、後代與物種」不只是口號，做起來也並非不容易。首要條件就是拉近人與人，以及人與環境的距離。

身心都充滿綠意的綠建築辦公室

「堅持人與環境共生」，是博仲在 2002 年成立的目標。除了改善原有建築成為節能減碳的「綠建築」，我們並成立「綠辦公室」專案小組推動各項節能措施，定期參與社群環境活動、舉辦環保議題講座、提供最新綠色訊息，一起團購在地無毒蔬果。

首先從大樓的電梯口開始，我們自製標語提醒所有同仁與大樓用戶：「請一次只啟動一台電梯。省下的電力可以降低二氧化碳的製造量，讓累壞的地球有喘息的機會。」如果可以爬樓梯取代電梯更佳，省電、運動身體好。

室內少用冷氣多開窗戶，改採大量自然光。透過工作環境中可近的綠意微風，讓同仁得以隨時融入環境生態，不僅身心

舒暢，也可巧妙減碳。許多同仁喜歡的辦公區域是透光的大會議室，放眼窗外可見樹影搖曳，湛藍天空近在眼前，偶爾會有綠繡眼、白頭翁飛到身旁，或伴隨蝴蝶飛舞樹梢。

屋頂花園，永續的綠化革命

我第一次到台灣的時候，就發現台灣人真是厲害，每一種植物都有很多用途，甚至可以當成入藥。後來我們便在屋頂打造自己的花園，工作累了可以上去放鬆找靈感、甚至體驗農耕，也做為昆蟲、鳥類等生物覓食生活的空間。花園有降溫、隔熱、淨化空氣效果，光合作用後植物會將碳分子轉化為有機質，從而達到碳中和的固碳效果。

多樣性種植，如台灣原生種的台灣百合、茄苳、草海桐、咸豐草和月桃，還有即採即食的九層塔、番茄、秋葵、絲瓜、萵苣、蘿蔔、小黃瓜和草莓，成為「可食地景」、同仁午晚餐加菜的來源，和爸媽一起上班的小朋友能夠體驗自播種到採收的植物生長歷程，同時還能理解「樸門永續設計」。

午餐吃不完的，一點也不會浪費，我們可以來做「ㄆㄨㄣ」，製造廚餘堆肥。透過不同的堆肥容器與製作法，只要加上木屑和屋頂花園的枯枝、落葉、雜草、泥土等，無須其他添加物，就變成了黑又美、無臭無味的堆肥「黑金」，不但可以減少垃圾、降低焚化爐的負擔，還能增加土壤有機質、增益環境綠化，一舉數得。

推動 ESA，企業協力農業

因長期參與土城彈藥庫的行動與合作，為避免該地淪入高密度住宅和商業開發區的噩夢，博仲的綠辦公室也推動「企業協力農業」（Enterprise Supported Agriculture，簡稱 ESA），長期購買支持土城彈藥庫「輝要無毒農場」的農作，就地購買食物，降低食物里程，減少運輸的能源消耗。

除此之外，我們在內部建立量能付費制度，並訂出一個薪水分級訂購價（scale）標準：由參與者自行在 300 ～ 640 元間，選取支付價格，例如創辦人我等，負擔最高價格購入，收入較低的同仁，則用經濟價格購買，支持健康農作之際、等同力挺反對不當開發、支持都會綠地。

其實，現今經常談論的「社區協力農業」（Community Supported Agriculture，簡稱 CSA）並非新的流行語彙。過去農作豐收時大家有福同享，欠收時共同承擔風險，這種互助協力的歷史和人類聚落文明一樣悠久，卻受到近代農業工業化、效率化、極大化經濟利潤思維的解離，導致生產者與消費者的互動斷裂，我們再也無從掌握食物生產的自主權，食物也不再具備信任的溫度。

土地從來不屬於任何人，而我們卻都屬於這塊土地。當生產者不再單打獨鬥，消費者認同自身為生產者的股東，以行動承諾支持農民安心生產、友善土地種植，那麼縮短食物里程的「在地生產」、「就地購買」的經濟永續生產模式，

PART 5   讓我們參與改變

就能被鏈結、串連起來，進而促動社會正義、提升環境品質。只要我們願意，現在就可以做得到。

一點也不臭的「堆肥廁所」

除了前述在辦公室將廚餘回收成堆肥，其他使用物資回收計畫亦不少，包括針對紙類、塑膠、非生物分解廢棄物的計算用量；在屋頂一角裝置太陽能面板，自行產生電力，同時透過安裝低能源消耗照明設備，追蹤能源使用情形，減少能源消耗，成果斐然。我們也鼓勵同仁騎單車上下班以及來往鄰近區域。

最引以為傲的則是「堆肥廁所」，一種乾式生態環保廁所，也是台北市第一個堆肥廁所。它位在屋頂花園生態水池旁的古樸小木屋裡，上完廁所，只要舀一匙混合木屑、稻草、咖啡渣覆蓋掩埋，2、3年後就會腐化成有機肥料，乾淨得很，而且一點也不臭。除此之外，馬桶是最耗水的，即便是一般馬桶，也可裝設省水裝置，搭配「回收雨水」系統沖洗馬桶。

我只是想，如果一間不到50人的小企業都做得到，更多的企業應該都可以辦得到。

樸門永續設計，啟發綠生活的無限可能

「樸門永續設計」（Permaculture）的創始人是比爾・墨立森（Bill Mollison），自從1974年於澳洲興起後就席捲全世界。

「樸門永續設計」的英文「Permaculture」，是由permanent（永久的）、culture（文化），以及agriculture（農業）所組成的新詞。樸門的精神是巧妙運用自然、模擬自然，以永續的方式提供人們食物、能源，以及其他物質與非物質的需求。它是一套宏觀的設計系統，不僅能以友善地球的方法生產食物，更能引領人類設計永續的居所，小至陽台、屋頂、後院，大至社區、村落或一個國家，甚至無形的社群關係。

延伸閱讀：《亞曼的樸門講堂【2022增訂版】：懶人農法・永續生活設計・賺對地球友善的錢》，亞曼（唐嚴漢）著，幸福綠光出版。

06 ────集結法律人的力量，
　　　　創辦環境法律人協會

　　幾年前，有一本書《Our Stolen Future》（失竊的未來），
提到美國印第安人的哲學觀：做任何決定前，都必須用七代
的時間看一件事情；意即「我們所做的一切，必須為七代以
後的子孫著想，必須考慮對未來有什麼影響」。

　　我常想，七代之後的人是否會感謝我與我的夥伴們現在的
努力？

邀集法律人一起守護環境

　　2010 年左右，由我創辦的「台灣蠻野心足生態協會」雖
已成立多年，許多長期互動的律師也慨然相助參與環境訴訟，
但仍深刻感受到環境運動需要更多法律專業人士投入。

　　當時台北律師公會環境法委員會主委林三加律師及該委員
會多位律師業已透過台北律師公會環境法委員會的平台，參
與許多環境議題，法界對環境議題也愈見重視，但律師公會會
員也包含污染業者與開發單位的律師，若進入兩造對立的訟爭
階段，律師公會似乎並非合適的平台，而亟需一個新的平台位
置。

於是，我和林三加等律師朋友決定發起「環境法律人協會」，猶記來自台南的謝冠妃等年輕一輩法律人在我辦公室裡，埋首草擬組織章程，畫面歷歷在目。經過各方一起努力，時機臻至成熟，「環境法律人協會」終告成立。

在各界賦予重任的冀望下，於「環境法律人協會」成立大會上，無異議地通過由我擔任創會理事長一職，我雖有幾分是否讓賢的猶豫，但仍欣然接受首發重責。相對於「蠻野」廣泛關心生態議題，我更期待「環境法律人協會」成為保育團體、環境運動與法律界的寬廣媒介平台，鼓動更多律師、法律相關學者及學生陸續投入，透過各種法定程序，一同參與守護環境的行列。

「法律是有錢者、有權者為了控制老百姓，保護自己地位與資產的工具。」我在美國中學時期即聽聞過此語，印象極其深刻。既然法律受權勢者玩弄運用，我竟又投身成為律師，不啻與上述觀點相互矛盾嗎？尤其，又何須成立「環境法律人協會」？

向行政、司法、立法機關提出訴求

法律向來都有很大的解釋空間。無論站在彼方或我方，每條法律都可能做不同的詮釋，只要掌握法律解釋學要領，善用資源，任何案件都可運用溝通而多少扭轉態勢。換言之，即便

財團擁有龐大資源，但資源不對等的環境運動團體若堅定堅持《環境基本法》、《環境影響評估法》的立法理念，站在「環境保護」優先的永續理念立場，同時加強社會對立法與執法上的詮釋與理解，相信會取得司法機關信任，藉著判決減緩傷害蹧躂台灣的行為，讓大地療傷止痛。

因此，我始終認為法律很重要，因為這是當今社會共同尊重／遵守的遊戲規則。面對法律，我們可以主張的是：

一、對於執行法律的行政機關，以溝通討論法律的眞義，提出對執法的建議。

二、對於不當的執法、民間企業不當開發，向司法機關提出訴訟，請求做出符合環境正義的裁判。

三、對於不當的法律，或應立法而未立法的懈怠，向立法機關提出訴求。

以法律永續保護萬物，停止跨世代掠奪

印第安人的智慧歷久彌新：任何事情都要看短、中、長期影響。對於目前普遍覺得「方便」、「進步」的電力、交通、水泥、塑膠……，換個角度貫穿時空來看，這些都是超過現代環境能夠負荷的建設或開發，都是向下一代、二代、三代所奪取的資源、所掠奪的贓物（stolen goods），都必須立即、溯源的返還下一代。

面對如此的跨世代掠奪，我們這一代必須實現以法律永續保護萬物，找回被竊取的「（世代）代間正義」與「（物種）物間正義」。

　　那麼接下來，就善用法律，成為我們的工具。讓我們一起勇敢挑戰現行「犧牲環境以獲得短期政治經濟利益」的不合理作為、改變行之已久的不合理遊戲規則。未來，期待繼續在深層生態學上穩固扎根。

編按：原文出處於《抗爭：從街頭到法院的十個環境運動》
　　　之文魯彬推薦序〈在改變遊戲規則之前〉，由環境法
　　　律人協會出版。

07 ____ 用吃改變環境，
合夥興辦呷米蔬食餐廳

　　我喜歡做菜。還沒搬到現在的住所之前，我常常下廚，把不同的食材，混搭在一起。我太太洪美華常說我做菜就像畫畫一樣，同樣的食材、同一道菜，每次都會做出不同的美妙風味。

　　小時候成長的環境常有做菜的機會，爸爸就是受到我媽手藝的吸引，進而追求、攜手終身。在那種家庭廚房的氛圍中，我感受到做菜會讓人快樂，看著大家滿足的眼神，很有成就感。

　　太太洪美華說，我的拿手蔬食是燉扁豆加碎柳丁皮、水煎馬鈴薯，以及使用諸如豆腐、大蒜、檸檬等天然食材製作沙拉醬、綠花椰菜湯裡面加入磨碎的腰果……，都是非常有創意的料理。記得剛結婚的那時候，我還常在家裡辦桌請客；後來開始注意健康因素，我經常會到辦公室的屋頂花園摘各種蔬菜，做成沙拉。

友善自然環境的餐廳

　　我想開餐廳的想法，已經醞釀了 20 年，常掛在嘴上說，連老婆聽得都覺得不耐煩。後來「蠻野」來了位新同事邱馨慧，因為負責小農與食安議題，常在樓上辦公室做菜試吃，夢想開一家社會企業餐廳。加上我的律師事務所合夥人，剛好也喜歡

吃、喜歡料理，經常為台灣在地蔬果感到驚豔，於是大夥兒一拍即合。2013 年 10 月，我們就在鄰近事務所的衡陽路上，共同出資開了一間「呷米共食廚房」，現在改名為「呷米蔬食餐廳」。

「呷米蔬食餐廳」是一個環境倡議的餐飲事業，當初在台灣走透透就是為了尋找和我們有同樣理念的小農，像是葉菜類分別來自新北淡水的「良好有機農場」、土城的「輝要有機菜園」；稻米等穀類來自新北金山的「彩田米」、彰化溪州的「尚水米」；採用「十甲有機農場」的有機黃豆、新竹湖口「豆之味」的豆花和腐皮；以及來自雲林元長「聚秀有機農場」的花生和番茄、花蓮玉里「吟軒坊」的洛神花和金針；還有三峽區農會的三峽梨仔筍、屏東枋寮的愛文芒果等等。

「呷米」的想法很簡單，其實就是不管從早餐、午茶到午晚餐，運用近百分之百的台灣在地、當季無毒食材，研發台灣食材創意料理，分享在家裡吃的溫馨美味餐點給大家共食。很感謝現在的營運者王淑珍以倍數化的熱情、經驗參與，並充滿創意，如今的「呷米」更加美味，更加豐富多元！

想同時解決台灣農業與食安問題

與其說我想開的是餐廳，不如說我想要尋找一種同時解決台灣農業與食安問題的善性循環模式：雖然近來很多小農市集興起，但是城市上班族的三餐仍多半仰賴外食；尤其在食安地雷處處的現下，強調使用在地當季無毒食材的美食，會逐步誘

發消費者留意探究食品安全的本質與根源；並漸進發現，農產其實是環境的末端，必須同時關注整個系統性的環境問題，才會有好農產、好食材的安心美食。而勇於消費如此的安心美食，就是支持堅持無毒種植的好農家。

我們在過去投入環境運動事件中，看到了小農土地不斷被財團掠奪；農地大幅減少，變身為農舍、工廠、科學園區。農作被迫放棄；農地污染、地下水問題層出不窮；水資源優先提供給工業使用，食物安全與大眾健康成為最大的犧牲者，這些的根源都是環境問題。

以餐廳方式經營，穩定購買在地、當季農產品，利於解決農民銷售困境與提高台灣糧食自給率，透過契作協助慣行農法轉型成永續農業，減少山林、河川、土壤受到農藥、化肥的污染，捍衛農民免於受有毒物質傷害、安心務農的權利。

我發現大部分的人不喜歡做抗議，因為要拋頭露面，很累、很危險，也會被打。過去我們站出來抗議不公不義，但是一旦抗議、發聲成功之後呢？仍必須要有替代方案，所以我們必須創業。

期待企業餐廳加入，讓台灣有 3,000 家「呷米」!!

我很喜歡甘地的一句話：如果想要改變世界，你必須具備兩個要件，一是「創意」，二是「創業」。也因為多數的創業就能真正解決社會問題，因此我希望從創意與創業結合的商業方式，做出行動：在消費端提供民眾健康美味餐點，讓每

一次的購買，展現出保護台灣環境的力量。

當然，我也期待這樣的餐廳能成爲一個企業。如果未來能變成一個良心財團，那就更好了。這個餐廳的存在不是爲了賺錢，但賺錢，是爲了讓餐廳存在。我始終希望貫徹以「部落精神」來經營餐廳：部落是一種組織（tribal business），一群人的結合。每一個人的角色都很重要、成員間合作是因爲這是他們的工作，他們依賴並認同這個團隊、且得以維持生活。

我希望大家不要吃麥當勞、不要再吃「垃圾食品」，要吃健康、吃在地，開始注意到自己吃下去的是什麼？是怎麼來的？……換句話說，如果一個經濟體不再只是以營利爲唯一目的，而是以部落精神、爲求生存而平等工作，那麼這個社會就會很不一樣。

更發人深省的是，我們的糧食自給率只有 30%，寶貴的耕地逐漸流失，政府年復一年不思進行根本改善，反而急病亂投醫，擴大依賴進口糧食，讓民眾慢慢失去選擇能力與習慣……。期待每位住在台灣的人，多花幾分鐘關心一下你的糧食、健康，捍衛自己的選擇權。

願景：希望台灣有 1,000 個、2,000 個「呷米」，在每個地方、每個角落都能收集ㄆㄨㄣ（廚餘），做堆肥、種蔬菜，甚至在台北就能組成「屋頂花園」聯盟，定期供應蔬菜給某些餐廳，同時提供就業機會，台灣健康指數自然就會越來越好。

08 ————為台灣尋根，才能為未來尋路

　　過去，我有幾次公開機會，能將台灣歷史介紹給外國人，但台灣歷史向來被外來的意識型態所決定，除去大中國主義思維的歷史讀本，市面上相當少有。我認為台灣應該要有一套更客觀的歷史讀本，讓大眾讀者理解台灣社會的變化過程。尤其，更需要英文版本。

　　我有幸負責審定《認識台灣歷史》英文稿件，非常高興終於有了適合送給國外親友的禮物。尤其，出版社發現 10 冊的台灣史漫畫中，隨處都有原住民的生活軌跡，以及與移民社會各族群的互動故事，吳密察教授說，「原住民」很早就生活在台灣，要介紹台灣史，當然必須加入原住民的相關內容。

台灣人的歷史，不能沒有原住民

　　於是，為了讓台灣史更能深入原住民文化的介紹，在吳密察教授推薦下，出版社又邀請了孫大川教授企劃《台灣原住民的神話與傳說》。這套書前後花費 3 年時間，邀請大批原住民作家採集各族神話故事與傳說，替原本沒有文字的原住民口傳歷史留下紀錄，同時搭配原住民藝術家插畫、各族母語詞彙與文化習俗解說，希望故事讀起來更生動。

　　歷史是民族的靈魂，雖然政府向來把台灣原住民當作同一

我是文魯彬，我是台灣人　　　　　　　　　　　　　　————194

族，但事實上，從過去的 9 族到現在 16 族，還有尚未被識別或正名的族群，都曾經或正在台灣生活著。所以，《台灣原住民的神話與傳說》是一個很好的開始，推開神話與傳說秘境的大門，看見豐富多樣的台灣原生文化、了解先民對抗外在環境的堅持與勇氣，一方面建立我們自身根基、穩固自尊，另一方面激盪出思辨的花火。

同樣地，抱持著讓更多海外華裔第二代和外國讀者也能了解原住民文化，由我著手進行英文翻譯，這套書得以中英並陳原民文化的多采多姿；儘管各族的生活文化不盡相同，但卻一致地順從大自然的規律與力量，尊重與愛惜萬物，默默地守護著台灣山林資源與水源地。在全球氣候面臨劇變、生態衝擊危機無所不在的今日，這些台灣原生生活智慧，不正是我們應該效仿學習的嗎？

揭開既往「政府即暴力」的歷史

我很喜歡俄國小說家托爾斯泰（Lev Nikolayevich Tolstoy），其作品中有一篇〈政府即是暴力〉（Government is violence-Essay on Anarchism and Pacifism，和平主義與無政府主義的散文），裡面有段精闢之語：

「統治階層手中握有所有的軍隊、金錢、學校、教育、宗教和媒體。在學校，他們用歷史描述自身為全人類最優秀的族群，而且總是站在正確的一方，藉此點燃孩子們的愛國

就是想讓孩子開心讀台灣史

　　台灣史，曾經是一門禁忌，包覆著層層面紗。千百年來，台灣經歷過多次政權替換。大多數的人，認識自己的歷史，始於教科書。短短的幾個章節，寥寥幾個事件、幾位代表人物，經過政治立場的篩選與意識型態演繹，教科書裡實在有太多值得釐清與討論的部分。

　　非常因緣際會，太太和我的共同朋友陳素姍（後來曾擔任蠻野志工，不遺餘力協助中科三期案）有天說，有位黃媽媽，發現在市面上找不到適合小學孩子的台灣史課外讀物，請素姍轉告出版社，可否出版一本台灣史的漫畫書？她願意出資100萬。

　　出版社非常肯定黃媽媽的善心好意，於是拜訪請教台大歷史系吳密察教授。吳教授也覺得這是很有意義的事，但不厭其煩地說明，台灣史上起萬年，如果要給孩子看，至少需要分為10冊，才可體系化又易讀的傳達。

　　於是，出版社投入10倍的心力，吳教授親自為編輯、漫畫、撰稿者授課，並一一校訂斧正，終於在1997~1998年陸續完成10冊《漫畫台灣史》（手繪／黑白印刷）。之後，於2005年改版為《認識台灣歷史》（彩色／中英文對照）。

延伸閱讀：中英文對照《認識台灣歷史》套書，許豐明、陳婉菁等著，耿柏瑞、文魯彬等譯，劉素臻、李俊隆等繪，幸福綠光出版。

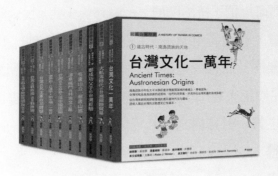

延伸閱讀：中英文對照《台灣原住民的神話與傳說》套書，林志興等著，陳建年等繪，文魯彬等譯，幸福綠光出版。

心。在成年人之間，點燃他們的愛國情操，用的手段是壯觀景象、舉行慶典、興建紀念館，以及一個說謊的愛國媒體。」

從反省中創造未來

在美國，我們可以把「統治階層」一詞替代「共、民兩黨」（共和黨與民主黨）。他們用歷史，描述自身為「全地球」有史以來最優秀的族群，而且總是站在正確的一方，藉此點燃孩子們的愛國心。在成年人之間，激勵愛國心的手段是以「自由、民主、對抗恐怖主義、對貧窮宣戰」等口號行動，以及一個說謊無能批判的媒體。

回到你我的家鄉：台灣，我們來試試照樣造句。也許「統治階層」一詞可以替換上「國、民兩黨」。他們用歷史，描述自身為全台灣最優秀的族群，而且總是在正確的一方，藉此點燃孩子們的愛國心。在成年人之間，激勵愛國心的手段是「花博、建國百年慶典、興建蘇花高之類工程」，以及一個說謊無能批判的媒體。

說了這麼多，是的，極少數的人承認自己有預設立場、意識型態。我們必須為台灣寫自己的歷史，紀錄自己走過的路，從反省中創造未來，期待往後的子孫，能真正活在自由、平等的國度。

　　台灣經濟發展喜歡以美國做為標竿，把「掠奪式」的消費／消耗當成社會富強的表徵，這種一味地模仿，犧牲了許多台灣原本的美好，使得台灣也變成跨國企業盤踞、速食文化充斥，而對土地失去敬重的地方。

　　台灣的「兩黨」政治，也和美國社會如出一轍，儘管歷史過程不同，看似對立競爭，在產業與環境議題卻幾乎抱持完全相同的立場：以政府迎合產業發展，犧牲民眾的社會與環境權益。

　　政黨在媒體上相互攻擊、操作民眾彼此仇恨，卻不觸碰生活實質問題，讓人對政治感到厭煩。雖然無法接受兩大黨的作為，但我也驚覺，民眾若不參與政治活動，對於攸關未來命運的發言空間越來越小；尤其，執意「不碰政黨」，等同把整個台灣命運交送給產業發展優先的官員和政客。

認識綠黨，注重人、社會與自然環境的優先

　　我在 1960 年代的時候注意到「綠黨」，肇始於關注美國消費者運動之父拉爾夫·耐德（Ralph Nader）。他揭發製造商「通用汽車」忽視安全性能設計、草菅人命，出版了《任何速度都不安全》（Unsafe at Any Speed）一書，而且積極參與及

成立多個公民組織，監督政府、提告政府。耐德並在 1996 年、2000 年代表綠黨參選美國總統，那也是我最後兩次以「美國人」身分投下公民選票。當然，就是投給綠黨。

1990 年代的台灣，開始陸續有新的政黨，例如「新黨」的出現，當時我曾和其中幾位觀念較先進的朋友聊起一起成立綠黨，不過選舉至上的壓力讓他們裹足不前而不了了之。差不多同一時間，方儉（當時為綠色消費者基金會董事長）、高成炎（台大資訊系教授）等都在積極籌備，而後台灣「綠黨」果真在 1996 年成立，高教授並擔任創黨共同召集人。

雖然大家早期對「綠黨」印象刻板，以為是個環保團體，或常和「綠色和平」混淆、或甚至以為是親近民進黨的「綠色社團」。事實上，綠黨早已成立 27 年，是一個以環境保護為優先的「政黨」。所謂的環境，包含「經濟環境」、「社會環境」與非人類（others）的「自然環境」。

最國際化、最民主參與的「綠黨」

綠黨，是台灣最國際化的政黨，其最大特色就在於國際合作。台灣綠黨與全球綠黨網絡「全球綠人聯盟」（Global Greens）有密切關係。全世界已有接近 90 個國家成立了綠黨，而「全球綠人聯盟」就是來自世界各國的綠黨代表大會，它也是少數承認台灣為正式完整會員（full membership）的國際組織，曾經四度（2002、2003、2005、2006 年）在歐盟

議會中主導通過「支持台灣加入世界衛生組織（WHO）」、四度阻止解除中國武器禁運，與台灣有多達87個會員國的實質外交。

截至目前為止（2023年），歐盟議會700餘席次中，有72席為綠黨，是具有影響力的第四大黨。崛起中的台灣綠人，在桃園市與新竹縣地方議會亦曾有席次，另有兩位過去曾為綠黨之同僚亦已進入國會。

這些在國際政治勢力占有一定分量的「綠人」，即是以綠黨或環境及社會改革為志業的綠色政治運動者。尤其，綠黨有別於一般政黨：在於「沒有黨主席」，但透過共同召集人、中執委、參選團隊等機制，平等參與而非權力集中。各級權力架構之單一性別不能超過2/3；堅持2001年在坎培拉通過之《全球綠人憲章》六個核心價值主張：不犧牲下一代的永續發展、參與式民主、和平非暴力、尊重多樣性、生態智慧、社會正義（註）。注重多元生態的綠人們，並積極透過周邊組織與他國綠黨串連國際事務。

透過「全球綠人」網絡，為台灣在國際發聲

在美國和中國的干預之下，台灣要參與解決全球性議題的國際會議，討論與辯論如氣候變遷，跨國污染，戰爭解決，公共衛生等問題，空間都非常有限。但透過「全球綠人」的網絡與綠人們的國際情誼，台灣得以在國際發聲，提出台灣觀點、

並在世界舞台上扮演要角。

我在 2004 年加入台灣綠黨後，主要參與：

2008 年：組成一支 22 人代表團，代表台灣到巴西聖保羅參加「第二屆全球綠人大會」；

2010、2011 年：兩度擔任台北「亞太綠人大會」共同召集人；

2011 年：創辦「全球台灣綠人之友會」，並獲推選為首任理事長，希冀藉由國際社群參與，帶回進步的綠色思想、推動社會的改變，甚至期待透過選舉凝聚力量，將理念付諸行動，眼見台灣步向綠色政治的可能。

我體驗過美國社會、美式生活的失敗，相信台灣一定可以有其他方向及選項。一個崇尚消費的社會不會帶來多元價值，反而會因資本無限擴張而消滅多元、預支下一代的資源。尤其，為了競爭而競爭，缺乏前瞻視野的兩黨輪替，不會帶給社會更好、更誠實的政治品質，反倒容易將彼此敵視的激情轉為蒙蔽社會的手段，讓民眾政治參與逐漸退縮，民主徒剩空殼。

台灣社會必須朝公平正義發展，我希望藉由草根式、參與式民主達成目標，讓台灣力抗全球性的政商勾結、發展在地化的永續經濟，滿足每一個人的基本需求。加入綠黨與否，未必重要，但透過民間團體或各式方法推動「綠色政治」，實現「綠色台灣」才是我真正信念。

我已充分了解，這種種的信念與期待，沒有政黨實力，

確實難以撼動。讓人民有所選擇，跳脫既有政治框架與社會困境。不管現在或未來，也許「綠黨」都可以是一個選項。如果有志者結伴加入綠黨，藉由國際參與培養夥伴意識，從國際聲量形塑國內影響力，期待未來，綠黨可以成為守護台灣的關鍵性政黨。

註：全球綠人，是全球各綠色政黨與政治運動的國際網絡。而《全球綠人憲章》為各國綠色政黨一起簽署並遵守的共同價值和施政方針。原文在 2001 年於坎培拉通過，分別於 2012 年於達卡、2017 年於利物浦更新。此一版本為 2014 年由「全球綠人台灣之友」（link is external）重新審譯的中文版本。

我本來是「外配」，外籍配偶。2003 年起，我是台灣人，正港ㄟ台灣郎。

立志成為正港台灣人

1992 年，我與太太洪美華結婚時，我就想「歸化」為台灣人。不過，當時台灣的國籍法規定：外國人要成為台灣人，必須先放棄原有國籍。也許我太太擔心我再也回不了母國，並不怎麼鼓勵。

2003 年大病後療養之際，我心想，如果能恢復健康，我絕對要歸化為台灣公民，既然生命是多出來的，我就要為這塊土地奮鬥。於是在該年 11 月提出申請，並放棄美國籍，同年底取得中華民國身分證。後來從事環境運動，經常得罪財團與政府，但再也沒有人可以說我是外國人，或以「居留身分與申請不符」的名義，把我驅逐出境。

現在每當被問到，「你放棄美國國籍，當時是什麼心情？」我還是不免愣住。覺得好奇怪，這根本不是問題。說真的，我覺得很自然，我在台灣已經超過 45 年了，我當然是台灣人。我喜歡台灣，我愛這塊土地，願意「一世人」愛台灣。

凡美國就是好？台灣才是最可愛！

我剛到台灣的時候，觀察到一種現象：舉凡美國的，都是好的。上班穿著西裝才顯正式，但「牛仔褲」來自美國，上班穿也無妨，因為那是流行時尚；T恤前面必有英文字，上面寫什麼（甚至是錯字或不雅）不太重要，因為那是「舶來品」……。反正只要是來自國外，必是好的，當時我覺得甚是奇怪。

還有，我剛來台灣的時候，很多人說你們美國重視環保。錯了，台灣才是真正環保。尤其老一輩的人，節省而珍惜資源，日式浴桶全家人輪流洗一桶洗澡水，再用這桶水澆花、拖地。對環境友善、精神生活富足，正是我一心嚮往的國度。反倒是美國人，消費主義至上，為了擁有便宜的石油與電力，不惜掀起戰爭；然而，低價卻等同間接補貼企業。

我始終相信：作為台灣人，不是基於血統，而是基於「認同」。有人會好奇，你到底愛台灣什麼？我還是覺得很奇怪。人不是常說：愛，不要需理由，不愛才會有千百萬個理由。台灣究竟有哪裡不可愛？

「參與式」民主，公民權的實踐

台灣一直在學美國式「民主」。但那種民主，只是「代議式」民主，不是真正的「參與式」民主。很多國家視投票等

同於民主，事實上不是。因爲那樣的投票機制中有很多操作空間，例如可以買票賄選；或如香港，特區行政長官並非普選產生，而是由選委會選出，但委員會成員卻多爲親共人士。

所謂「參與式」的民主，投票後的「監督」才是重頭戲。所有公民都能直接參與對其生活有所影響的環境、經濟、社會和政治的決策。當然，首先必須讓每個人擁有完整、及時、正確的資訊，培力自我、充分參與。

2009 年時，我曾有意爭取立法委員補選參選，但是原籍「外國」的台灣人必須歸化滿 10 年，也就是說我必須等到 2014 年，才具備「被選舉」資格。這件事情也給我很大的震撼：自己在台灣住了超過 30 年，放棄美國國籍、歸化中華民國也逾 4 年，竟然還被限制參政權？持有雙重國籍的李慶安，卻能擔任公職 14 年，凸顯此種規定不僅違憲，還有歧視新移民之嫌。

但投入政治的念頭，並非突發奇想，因爲 2007 年台塑大煉鋼廠環評大會上被毆打的事件（詳見第 114 頁），讓我深刻意識到政治的重要性：政治，就是資源的取得與分配，必須透過政黨政治來改變社會。除非你可以比財團更有錢，不然政治是唯一可以改變的途徑。

希望有一天，你我一起站出來

空氣即是資源，你可以決定將空氣當做工廠的垃圾桶、汽機車排放收納桶，或是決定讓它成為大眾清新吐納的來源。這就是資源的分配。

觀察美國與台灣幾十年後，我很痛苦地發現：台灣大部分的官員、學者、媒體與企業把美國的「惡習」學得太過徹底，不斷地「合作」消耗大自然，留下千瘡百孔的土地，還蓋了核電廠，讓後代子孫無條件承受萬年核廢料荼毒。

這幾十年來，我生活在這塊土地，眼見政府不斷大喊經濟開發、國際同步，但現實已經告訴我們答案：不當的開發無異竊取下一代資源，是不負責任的經濟、不負責任的發展，不負責任的國際化。

讓經濟永續，社會有正義，生活環境品質更好，不需要等以後，現在就可以做。我相信台灣人很有智慧，會留下一塊淨土，留給我們的子孫。希望大家不要再盲目學習美國，千萬不要放棄找回原本美好的自己。

我更希望有一天，你我都可以站出來，為台灣帶來改變。

那不是我第一次睡在馬路上。

為了支持「台灣蠻野心足生態協會」的成立與運作，那時候我把房子陸續賣了，存款只剩下 1、2 百萬，自掏腰包請來幾位同事與律師推動環境議題。自己平時盡可能騎腳踏車或走路，代替開車或搭車。不再買衣服，就算領子上破了個洞也沒關係，乾淨整潔最重要；多穿涼鞋或赤腳接觸大地，輕鬆又簡單。

追求簡單人權，Robin in the Road

我們租屋在金華街，家裡沒有電視、不開冷氣，就算是大熱天，每天就敞開窗戶讓空氣對流。某一晚，已經快 12 點，施工單位的怪手、挖掘機還繼續在馬路上震天聲響的操作。其他住家或許門窗緊閉開冷氣、或許敢怒不敢言，但是對我來說，安靜是人權，噪音則是侵害人權，施工已嚴重妨礙我與大家的睡眠，也侵害了深夜工作者的權益。

整晚的噪音難耐，我光著腳衝下樓，選了一台最大的工程車，索性躺在它面前，用肉身抵擋工程單位施工。有趣的是，一旁見狀的便利商店店員，還趕緊丟出一雙拖鞋要我穿上、怕我受傷。

施工單位的工頭拿出許可證明，想要說明施工一切合法。不過訴訟經驗告訴我們：即便合法，也不見得合理、合情，可

以恣意進行；甚至一個噪音工程或水污染事件雖有施工許可，也不表示政府或施工廠商不必負法律責任。

太太洪美華爲了有效阻止不當施工，打電話給當時的台北市勞工局長鄭村祺與資深媒體人張啓楷。很感謝心繫勞工的村祺兄深夜親自到了現場；啓楷兄也通知了 TVBS 出動攝影機來拍攝報導。最後，他們停工了，我回去睡覺。其實我心裡很爲工人擔心，他們可能無法完成進度，委外公司會被扣錢、勞工很可能被扣薪，他們永遠都是資本體制中的受害者。

在想要與需要之間

突如其來的噪音，大家都會感到刺耳，但當城市噪音愈來愈多，眾人卻猶如「冷水煮青蛙」，逐漸習慣（麻木）、接受，終致不可收拾。

其實，不管是窮人或富人，「需要」都差不多，只有「慾望」不一樣。食物、安靜、乾淨的空氣，是生活基本「需要」；超過生活所需的「想要」則爲「慾望」。當我們把「慾望」和「需要」搞混時，就會陷入不滿足的陷阱。爲了滿足並不需要的慾望，人類就很容易奪取別人甚至其他物種生存的基本「需要」。

這些對慾望的不滿足，一大部分來自商業無止境的催眠。例如，每天的電視、廣告不斷傳達「沒有像樣的旅遊」、「買的還不夠」、「衣櫃鞋櫃；永遠少幾樣」……。政府也常說，「經濟成長不夠」、「平均收入不夠」……。當物質和精神上一直出現「你還不夠」和「愈多愈好」的被催眠訊息，我們不

再思考是否真的需要。

根據估計，美國人每天會看到 3 千多則廣告，暗示你正缺乏了什麼？你該買些什麼？或者強調現在買比平常省多少錢（明明是花更多的錢，買絕大多數目前還不需要的東西），台灣現今面臨的狀況也是極其類似。再者，以上現象，政府或許認為不干擾市場供需，或者洋洋自得這是經濟成長，完全任憑商人廣告鼓勵消費、為消費而消費；鮮少意識到過度消費對社會與環境的後遺症，更遑論能提供我們什麼公開對等的透明資訊，導致民眾盲從選擇。

國際貿易也是基於相同道理，不論外銷產品或是開放進來的貨物是什麼，政府總是為了經濟成長而鼓勵國際貿易，忽略不公平貿易的國際社會意義。

在焦慮與麻木之間

你可以想見手中的鐵製餐盤、手機殼，10 年前的它還在非洲或伊拉克的某礦區；口中咀嚼的牛肉，可以是來自美國瘦肉精下的產物，又或者是台灣本土老農放養的牛隻；眼前餐桌所使用的材質又是從何而來，又該往哪裡去？手上端的這杯咖啡，是如何從貧窮勞工身上掠奪而來？……許多日常生活背後的故事很多，甚至任何東西都是密切相關的消費鏈，而我們卻只看到表相。

我必須坦言，我真的很焦慮。焦慮之源在於大部分人都視

而不見、或不願意面對現實的程度，令我震撼。在「方便主義」至上的思維下，凡事只講求「方便」就好，小從用衛生紙、紙杯、塑膠袋較為方便，大至丟進焚化爐、廚餘桶就能眼不見為淨？我們未能了解使用這些東西所產生的後遺症，譬如一桶垃圾的出現，在其生產過程中會產生 70 倍的廢物；當用於製造電子產品時，會產生 8 千倍的的廢水與廢氣……。

不瞞你說，我看到「紙杯」，我就焦慮。看到「冷氣機」、過度耗電排碳的種種、匪夷所思的電費補貼，焦慮。聽見工程機具噪音，焦慮。看見青山被斷頭，焦慮。

有句話說，「生活中充滿太多不合理的事情，人不生病才怪！」是啊，不同程度的焦慮瀰漫在我的日常，我不時必須壓抑這些情緒思緒，否則要嘛你就麻木，要不嘛，你就如我總有一天痛苦爆炸……。

然而，面對政客總是犧牲小老百姓的權益，漠視環境與健康永續經營，我們不能總是壓抑，必須改變自己、改變群眾思維。要抵抗、要抗議、要革命，要做紀錄讓更多人知道切身相關議題，才有能量創造替代方案。

沒有自然環境，就沒有經濟

關於經濟環境、社會環境與自然環境，主流思考總將其化約成三個交集的圈圈：社會是一個圈圈，環境是一個圈圈，互有交集、緊緊相扣，看似思想進步。但其實錯了。它其實

是三層包覆的同心圓，最主要的大圈為自然環境，再來是社會，最後才是經濟環境。因為沒有大自然的生態系統，經濟便無法依存；反之，沒有人類的經濟活動，大自然卻仍會永續經營下去。

是故擁有什麼樣的大自然，就會決定你擁有什麼樣的社會環境。擁有怎麼樣的社會環境，就會決定你發展出何種經濟。但現今經濟環境的影響力，往往凌駕社會、大自然，原因即在於人的慾望過於貪婪，不懂得節制，導致永不滿足的經濟導向，進而捨本逐末反身吞噬社會資源，甚至從非人類的大自然中搾取，於是人類賴以維生的三種環境全面毀壞。

容我贅言，凡在地球存在的現象皆有極限。讓我們重溫甘地的那句佳言，「地球可以滿足每一個人的需要，卻無法滿足任何一個人的貪婪。」（Earth provides enough to satisfy every man's need, but not the greed of anyone.）。人是最有潛力、最足以大規模破壞世界的社會分子，但其實人也只是地球公民的一分子，不應有自己比其他物種優勢的看法，要學習和地球萬物共存、共生。

期待從「反社會」的企業，走向社會企業

從個人到企業，都要學會節制（the limit of power）。企業，並不是個人資產，企業是屬於社會的，任何一個商品設計或服務，都需要社會買單。不僅是未來的下一代要買單，不同的物

種也要買單。企業的永續經營必須關心周遭的社群和環境。對於「企業」本身的定位，應該要有觀念性地改變。

正如同公司法第一條昭然揭示：「本法所稱公司，是以盈利爲目的。」當企業的目的不是爲了「經濟永續」、「社會正義公平」而存在，而是爲「盈利」而存在，原本「社會性」的企業（例如台電）可能成爲「反社會」的企業。以營利爲目的，手段不外乎最小化成本、最大化利潤，凡事只評估「合不合法」，但合法，不見得合理，不見得合情，更不見得「有必要」。於是，我們舉目可見毀壞良田農地的科學園區，消耗天然資源、掠奪家園的水泥廠，言必稱帶來「工作機會」，卻危害公衆健康的石化產業、造成食品安全威脅的黑心產品……，「偷工減料」甚至得以成爲資本主義的最大特色（編按：2018年8月1日公司法修正，已在第一條增列第二項：「公司經營業務，應遵守法令及商業倫理規範，得採行增進公共利益之行爲，以善盡其社會責任。」）。

企業必有能力將負面影響降到最低，提供有尊嚴的工作之際，以更積極地行動，實現社會責任，例如上述我理想中的「博仲法律事務所」、「呷米蔬食餐廳」，就是我的嘗試實踐。

或許你看得出來，我仍舊抱有一絲希望。誠然，整個社會的腳步慢了一點，但只要你我跨步開始，就永遠不會太晚。

還我綠色地球的生活實踐六書

　新自然主義在 2002 年一口氣推出「還我綠色地球」系列的六本環保好書——《七個環保綠點子》、《不可思議的消費鏈》、《善意的生態殺手》、《你，還在開車嗎？》、《拯救鮭魚 736》、《重返美麗家園》，是我推薦給新自然主義出中文版的，而英文原版是由總部位於西雅圖「守望北美洲大西北環境生態組織」（NORTHWEST ENVIROMENT WATCH，簡稱 N.E.W.）出版的，該組織是一個獨立、非營利性的研究機構，以促進整個西北太平洋區的永續性經灣及生活方式為使命，並以成為歷史上最豐富文明的綠色角落自許。

　這 6 本環保書提醒我們：單純的生活行為可能對環境造成傷害的潛在危險性，以及平凡的日常事物對環境保護所產生的不可思議力量，並提供實際可行的共生互利、永續生活（詳情請見延伸閱讀）。

延伸閱讀：《七個環保綠點子：簡簡單單創造綠色新生活》，約翰‧雷恩著，楊永鈺譯，新自然主義出版。

延伸閱讀：《不可思議的消費鏈：日常生活的環保神秘殺手》，約翰・雷恩、亞倫・聖鄧寧著，新自然主義出版。

延伸閱讀：《善意的生態殺手：不常的優惠保障政策帶來資源浩劫》，約翰・雷恩著，魏慶瑜譯，新自然主義出版。

延伸閱讀：《你，還在開車嗎？》，亞倫・聖鄧寧著，楊永鈺譯，新自然主義出版。

延伸閱讀：《拯救鮭魚 736：一條見證水域生態危機的魚》，約翰・雷恩著，金恆鑣譯，新自然主義出版。

延伸閱讀：《重返美麗家園：一位生態學者的返鄉衝擊》，亞倫・聖鄧寧著，金振寧、陳素姍譯，新自然主義出版。

延伸閱讀：關於「反社會」的企業故事，可參考紀錄片《企業人格診斷書 DVD》（The Corporation），導演馬克・阿克巴（Mark Achbar），同喜文化發行。

1977 年我第一次到台灣，隨身帶著的《紐約時報》和《遠東經濟週刊》都被沒收。那時候的敦化北路附近，還有許多綠地稻田。搭上公車，街道兩旁幾乎沒有商業廣告，只有「反攻大陸」、「解救同胞」等標語。

台北是什麼？

如果你問我，台北是什麼？

1980 年代，台北都是「理髮廳」，藍白紅三色旋轉燈筒，在大街小巷轉啊轉，轉出對「台灣經濟奇蹟」的見證。當時的我很是好奇，但畢竟只是窮學生，快步走過提供「全、半套服務」的理容院。

1990 年代，台北都是 MTV。年輕人與上班族喜歡到 MTV 看電影，許多奇奇怪怪的歐洲藝術片也可以在這裡找到，能夠在獨立包廂中享受親密與觀影自由。然而大約 2000 年前後，以台北為核心，公路、快速道路一條一條往外劃過，台灣國土柔腸寸斷。

有值得開心的事嗎？有的。2010 年之後，我會說台北充滿「公民運動」。從反核、反大埔農地徵收與洪仲秋事件，到

2014 年的太陽花反服貿運動，一股集結公民運動與年輕人網路參與的浪潮持續發生，讓我觀察到改變正在發生中，我身上每個細胞的興奮指數再度破表。

政府向來不領導，總是在跟隨。但人民帶頭了，領袖人物就會追隨。現在，人民走出來了。我們遊行，政客們便會搶先跑在競爭對手的前頭。

請從拚經濟的惡果中覺醒吧，台北！

那麼，最近 10 年的台北呢？

不需要等到北極冰融，現下的台北都是大自然災難：水泥叢林、熱島效應、集水地與山坡地的破壞、全球暖化，加劇大自然災難的形成，減弱了城市抵禦自然災害的能力。而環境遭到破壞、人民被迫遷移出自己的土地，健康與社會問題等等這些代價，更是遠遠超過土地負荷的承受度，也超過經濟發展所帶給人們的好處，政府與社會必須從拚經濟的惡果中清醒。

我離開美國已久，卻很諷刺地發現台灣極力仿效美國。不永續的美式生活移植到地小人稠、山多平原少的台灣，必將遭受大自然的力量更強烈的反噬，而絕大多數人卻繼續視而不見。

曾經有一個朋友對我說，「你能看到房間裡的大象。」（elephant in the room），每次想起，我總是無奈把它視作恭維。這句英文的意思背後相當有趣，因為房間裡有一隻大

象，眾人怎麼可能看不到？但因為若要處理它、帶走它、遷移它，顯得太過麻煩，所以乾脆視若無睹。

愛因斯坦也曾經這麼說過，「世道變得如此險惡；並非因為人心奸巧，實乃人們袖手旁觀。」（The world is a dangerous place, not because of those who do evil, but because of those who look on and do nothing. ～ Albert Einstein）

眾人皆得看見這隻大象，只是怕麻煩而心存觀望，暫且裝作不知情、不去戳破。但現在，大象已步步進逼，時候到了，我們必須覺醒與行動，千萬不要放棄改變未來命運的最後機會。

期待你，透過「參與政治」，改變台灣

2015 年底，我從自己創立 20 餘年的法律事務所退休，準備投入 2016 年立委選舉，因為過去的經驗告訴我，人類應該要謙卑地師法大自然「永續」精神，並且透過「參與政治」去實踐，才有可能改變既得利益結構，以及資源公平分配。

雖然終究沒有走完最後一哩路，我依然確信「踏進政治」是改變社會最有效率的方法。至於「選」或「不選」，「當選」或「落選」，該做的事情都是一樣的。透過民間運動與參與、國際合作連結，我們仍將竭盡所能，為所有人民和幾十億居住在台灣的物種發聲，與萬物繼續一起走下去。

我也相信台灣的人民，正如我們相信世界各地的人民，只要能擁有所有透明清楚的資訊，擁有機會充分實質地參與，我們並定會做出正確的決定，同時找出一條回歸永續的道路。

最後，也許你們不知道：雖然我結婚了，但我相信實際上每個人都是同性戀，只是多數人尚未幸運到足以遇見那個心儀、又得以互許終生的同性對象，進而共結連理。

所以，結婚是什麼？目前是成家的代號。如果可以，我想跟這片土地結婚，跟白海豚成家。讓我們實踐，多元成家。

編按：本書之取材，多數架構於 2015~2019 年間的訪談之上，續賴編輯整理更新。文明不等同進步，儘管時間推移，閱讀仍毫無違和。

我有一個總統夢

常有人問我，未來有什麼願望或想做的事嗎？我總是回答：我現在做的，就是想做的事。這樣的想法，應該就是大家常說的「活在當下」概念，而所有的未來，都是無數次的現在所堆疊而成。

但對於我熱愛並長年生活的台灣，我確實有參與改變的想法。

如何做？當總統！但不是為了總統這個職位，而是因為擁有了決策權力，可以達到以下希望完成的目標。這是內心的藍圖，無關是否合乎主流意見或其他人們心中的意念，不知道哪位總統候選人有志實現：

第一個目標：希望到到 2035 年，除了救災、醫護、公共交通以外，台灣的私人汽機車，能夠全部銷聲匿跡。人類不再貪圖短暫方便（或自己誤以為的方便），破碎國土、霸佔空間、污染環境。

第二個目標：希望到 2035 年，重工業能遞減並全面消失，讓台灣成為農務（耕種養殖、上下游關聯行業、農村小旅行……）為主的國家。

第三個目標：2100 年，希望台灣總人口為現在的 1％，目的是為了生活品質，當然也希望能守護這片土地的生態。

這不只是放在心底的夢想，而是我終其一生想完成的實踐清單。

孫沛芬／採訪撰文

特別章

守護媽祖魚，等於守護台灣西海岸生態

　　每年接近農曆 3 月 13 日媽祖誕辰時，在湛藍平靜的海面上，常能見到出水換氣的台灣白海豚身影，台灣白海豚就像媽祖化身，在台灣西海岸來回悠游巡視，守護著討海人的平安與滿載而歸的魚獲。

我與台灣白海豚的不解之緣

　　多年來，我為維護白海豚棲地生態請命，幾乎「文魯彬」這個人已經與白海豚劃上等號。對我來說，白海豚就如同跨越物種的家人朋友般，在人生路上，相伴而行。我還曾在公開場合說出這句話，如果可以，我希望能和台灣白海豚成家結婚，像家人一樣，陪伴、保護所剩無幾的牠們。

　　2004 年參加「珍古德基金會」的那場會議（見第 110 頁），開啓我與台灣白海豚的緣分。台灣白海豚不僅是一種生物，更是整個台灣西海岸生態的象徵。從台灣白海豚的生存狀況，便能反映整個台灣西海岸包括漁民、居民、動植物、土石、海岸等等的共生關係，所以我把牠當成守護台灣西海岸的 Logo。

台灣白海豚是西部海域環境品質的吹哨者

　　台灣白海豚生活於台灣西部沿海環境，是定棲性海洋哺乳類中體型最大、也最具指標性的物種，為台灣西部海域環境品質的吹哨者。正因台灣白海豚棲息於如此靠近陸地的海域，其族群數量、族群結構、健康狀況及行為都反映著環境品質。若海水遭受污染，台灣白海豚的健康狀況變差，從海中捕撈上岸的水產也同樣受到污染。台灣白海豚是近海食物鏈最頂端，如今數量銳減，食物鏈日漸失去平衡，生態系統隨之日益崩壞。

　　人類一再奪取台灣白海豚安全健康生存的的家園，過度開發的台灣西海岸，包括：水及空氣污染、棲地破壞與消失、噪音、河口淡水注入量少，以及非友善漁法等五大威脅，都是讓台灣白海豚難以生存的重大關鍵。

台灣白海豚失樂園：五大威脅

一、水及空氣污染

　　台灣西海岸工業區林立，大量抽取淡水，排放有毒污水，當各種污染進到海中，會直接接觸到台灣白海豚的皮膚，也會隨著呼吸進到體內，甚至攝食海中生物時累積在身體中。

　　台灣白海豚是用肺呼吸的哺乳動物，根據環保署多年以來的監測，台灣西部縣市都是不及格的三級空污防制區，尤其中南部地區，$PM_{2.5}$ 經常超過 70 微克 / 平方米，如此已達危害人體的紫爆情況，台灣白海豚同樣難以倖免。

尤其是重金屬與持久性的有機污染物，長期累積在台灣白海豚體內，將影響免疫力，容易染病。根據蠻野心足生態協會的統計，至少有37%的台灣白海豚染上皮膚病，從病狀來看，跟污染物息息相關。人類造成的污染，讓台灣白海豚成了無路可逃的環境難民。

二、棲地破壞與消失

台灣西部快速的工業化發展帶來所謂的進步和經濟效益，但卻為自然環境帶來浩劫。例如：麥寮工業園區、彰濱工業園區、台中港擴建等，導致八成以上的潮間帶以及濕地生態已被人工海岸線取代，各種水泥化的海岸線、如消波塊、填海造陸等，使得台灣白海豚的棲地逐步劣化甚至消失。台灣白海豚的家，破碎而不再安全。

三、噪音

台灣西海岸川流不息的航運，以及離岸風機的打樁、水下爆破、地質探勘、軍事聲納等工程，是鯨豚的重大威脅。牠們用以溝通的聲納系統，遭到嚴重干擾，噪音不僅遮蔽了對台灣白海豚有意義的聲音，對於覓食和躲避危險，影響甚大。甚至還會造成永久性聽力傷害，導致迷途、擱淺，甚至死亡 (註1)。

四、河口淡水注入量少

河川上游興建攔河堰或水庫，造成流入出海河口的淡水變少，富含養分的河水匱乏，便無法再滋養河口的魚蝦蟹及浮游生物，台灣白海豚及所有魚類逐漸失去食物。

　　　　　　　　　　特別章　　　守護媽祖魚，等於守護台灣西海岸生態

五、非友善漁法

在台灣西海岸，以刺網為大宗，包括定刺網、流刺網。根據過去研究所累積的照片顯示，至少有三成以上的鯨豚，明顯因為刺網纏繞及切割而受傷，甚至失去行動捕食能力，這成了台灣白海豚最直接的威脅。

失序的離岸風機席捲台灣西海岸

前面提到，離岸風機的打樁與建置所產生的噪音，會干擾台灣白海豚的聲納，危及其生存。同理可證，其他的海洋生物，同樣受到波及。

從 2007 年開始，行政院就曾經成立離岸風力發電小組，但當時並沒有做完整的調查評估，政府拖到 2012、2013 年才開始調查。政黨輪替之後，蕭規曹隨，也沒有針對海洋生態、台灣白海豚生存影響進行評估，這些海洋中的原住民，就這樣被人類忽略。

當人類以粗暴方式大舉在牠們賴以維生的家施工，無法發聲為自己爭取權益的牠們，誰來守護？

從 2015 年，政府開始大力推動離岸風電，號稱要在台灣西海岸「種」上千支風機。我與台灣蠻野心足生態協會、台灣媽祖魚保育聯盟，成為極少數對離岸風電採取嚴格監督的環保團體，為捍衛台灣海洋生態資源的永續挺身而出。為了台灣白海豚，為了維護台灣西海岸脆弱的生態，繼續讓政府部門、投

資與施工廠商頭痛、討厭。

為生態請命、為政府減少預支未來

我們只不過「提醒」原本政府部門該做的事，但卻被認為找麻煩；我們之所以對抗施工單位，是為生態請命，減少政府預支、破壞下一代的資源。但是，政府部門與廠商卻覺得這是在妨礙，以致把經費與心力都耗費在「自圓其說」，而不願意進行真正的調查研究，找出可行對策。

當看到所謂學者專家、研究單位都跟開發廠商或是政府有委聘或合作關係時，可以理解他們當然也不會、不便質疑離岸風電可能產生的缺失與對海洋的負面影響。

他們找合作的學者專家，合理化開發行為，甚至連「白海豚會轉彎」這種話都說得出口，卻忘了，人類才是那個侵門踏戶的惡霸。他們甚至還拿了國外的離岸風電評估來證明不會造成海洋生物的威脅，但是，那些國家沒有白海豚棲地，無法直接對應到台灣西海岸的實際狀況。

建置離岸風機的過程中，甚至廠商承諾施工時會有監測船，配置鯨豚觀察員，隨時注意是否影響台灣白海豚及海洋生物棲地，卻屢屢沒有兌現。位於苗栗竹南的第一座離岸風電示範風場，就一再發生在鯨豚觀察無法出任務的情況下，直接進行風機打樁施工工程。

台灣蠻野心足生態協會在此問題發生時，立即向環保署反應，並要求停工，但環保署一直到風場施工完畢，才有所處置。

　　　　　　　　特別章　　守護媽祖魚，等於守護台灣西海岸生態

獨一無二的台灣白海豚

　　「台灣白海豚」最大的特徵是，終生在背鰭上會有鮮明的斑點，而且每隻台灣白海豚的斑點分布都不盡相同，就像人類的指紋般人人都不一樣。至於「中華白海豚」則背鰭的斑點會隨著年齡增長而變淺，最後消失到幾乎全白。

　　台灣白海豚保育行動可以回推到 2002 年，福爾摩沙鯨豚保育研究小組首度發現台灣西海域的白海豚；該白海豚族群於 2008 年被國際自然保育聯盟（IUCN）評估為「極危」（CR）等級。

　　因為在台灣西海岸出現的白海豚和其他地區的確實有明顯區別，2015 年王愈超（John Wang）等人在《Zoological Studies》科學期刊發表研究，認為中華白海豚可以分為「中華白海豚」（Sousa chinensis chinensis）與「台灣白海豚」（Sousa chinensis taiwanensis）兩個亞種。位於台灣西海岸的白海豚族群，因為地理區隔、斑點圖樣及動物行為等不同的因素被分類為台灣白海豚。

　　海洋委員會海洋保育署則遲至 2020 年始公告台灣白海豚重要棲息環境在台灣西海岸，對於台灣白海豚保育復育，官方責無旁貸。

　　我提倡大家多在陸地上觀賞台灣白海豚，避免海上行船帶來噪音及危險，干擾鯨豚的聲納及生存，同時也可以在岸邊觀察工業運作情況以及污染，有機會親身了解台灣西海岸的環境，以及人類帶給台灣白海豚的生態威脅，進而省思並改善，還給台灣白海豚一個清淨的家園。

　　人類一再奪取台灣白海豚安全健康生存的的家園，過度開發的台灣西海岸，包括：水及空氣污染、棲地破壞與消失、噪音、河口淡水注入量少，以及非友善漁法等五大威脅，幾乎讓台灣白海豚難以生存。

調查後認定苗栗竹南風場共有四次施工期日，未依照環境影響評估承諾派足鯨豚觀察員。在 2019 年，環保署最終作成一紙行政處分，裁罰開發單位雖採最高額罰鍰 150 萬元（註2）。但這畢竟是四次違法行為，也就是說，每次違法只罰不到 40 萬元。老實說，相對於動輒數十億、上百億的工程費用，根本達不到太多嚇阻的效果。我很擔心，這樣以能能源轉型之名，犧牲台灣珍貴海洋物種之實的行為，只會擴大，不會停止。

替台灣白海豚討公道

多年來，我主張非核家園，政府也願意朝這個方向前進，原本是好事，沒想到的是，在能源轉型的過程中，卻產生了假其名而行的罪惡之實。

為實踐非核家園，能源轉型的兩大重要支柱分別是離岸風電和光電，這兩者近年帶頭往前衝，急欲達到兩成的再生能源比例。但這樣一味粗暴的推進，卻產生了失序的行為，所失遠逾所得。從我和蠻野工作夥伴的觀察，為了發展光電，搶農地、魚塭的情況比想像中嚴重，尤其離岸風電則罔顧對海洋生物造成的傷害，一支支打樁入海，我看了真的很心痛。

目前環評相關訴訟，在開發場域半徑 5 公里範圍的當地居民，可以提出行政救濟。但是，位在台灣海峽上的離岸風電開發，風場半徑 5 公里範圍內，幾乎完全無人居住，台灣至今亦沒有任何以自然物為主體的訴訟類型。

因此，環評法的公益訴訟，是為台灣白海豚發聲的重要管道，我們已經成功爭取最高行政法院認為環保署必須對開發單位違法的行徑作出「無瑕疵裁量」（見最高行政法院109年度裁字第1999號裁定），我們希望能更進一步爭取，政府對於開發單位不願意遵守環評承諾的行徑，提出有效的管制手段，兼顧生態與經濟發展，這條為台灣白海豚請命的訴訟之路並不好走，但我們會一直走下去。

一隻都不能少，復育更刻不容緩

　　我愛台灣白海豚，此生都以守護牠的生長海域環境為職志，一隻都不能少，復育更是刻不容緩。

保　育　小　學　堂

引發熱議的「白海豚會轉彎」

　　家喻戶曉的「白海豚會轉彎」竟然出自「專家學者」的研究！吳敦義在2017年公開解釋，他擔任行政院長時，請當時的經濟部長施顏祥部長報告施工對白海豚的影響，施顏祥說，根據「專家學者」研究，當年台中港擴建凸堤，中華白海豚從雲林沿海到苗栗海域的途中，碰到凸堤就會轉彎，也很安全，因為海豚有很強的適應能力。

　　編按：「白海豚會轉彎」的更多詳情見

根據國際保育工作的復育目標，有三個步驟：

一、**止跌**：族群數量不再減少；

二、**回升**：族群數量持續穩定增加；

三、**脫困**：族群在野外的數量增加到可以自然繁殖生長，不再
是瀕臨絕種生物。

　　根據國際學者的建議，必須減少台灣白海豚的生存威
脅，並在 15 年內復育到 100 隻，如果能達到這個目標，就
能擺脫瀕臨絕種的困境。因此，我們必須在台灣白海豚棲地
範圍內限制新的開發計畫；建立船舶的航道及速限，以降低噪
音及鯨豚撞擊風險；降低空氣、水和土壤的污染；增加淡水入
海流量；建立水下噪音管制相關規範；收購台灣白海豚棲地內
使用的刺網及三層刺網，逐步推動永續漁業。

台灣白海豚的五大威脅與對策

威脅	對策
1. 水及空氣污染	降低空氣、水和土壤的污染
2. 棲地破壞與消失	在台灣白海豚棲地範圍內限制新的開發計畫
3. 噪音	建立船舶的航道及速限，以降低噪音及鯨豚撞擊風險；建立水下噪音管制相關規範
4. 河口淡水注入量少	增加淡水入海流量
5. 非友善漁法	收購台灣白海豚棲地內使用的刺網，逐步推動永續漁業。

　　更重要的是，如同大城當年的反國光石化，所有的有效行
動必須來自公民意識的認知與覺醒。期待大家一起參與，包括：

特別章　　守護媽祖魚，等於守護台灣西海岸生態

——透過活動宣傳，讓每個人從自己做起，一起保護台灣白海豚的家。

——選用友善海鮮食物、減塑、參與環保公民運動。

——讓消費者學習尊重土地與環境，成為未來的決策者。

——努力與政府、漁民、開發業者、鯨豚科學家、非政府組織等長期的溝通。

搶救白海豚的同時，其實也是搶救人類的未來。從台灣白海豚議題來看，永續的經濟就是現在滿足我們的需求，但不會破壞下一代的需求，包括足夠的魚獲、好的環境，以及快樂悠游的台灣白海豚。

這是條漫長的路，卻值得我用一輩子與台灣白海豚同行，非常需要你的加入。而認識台灣白海豚，不妨從蒞臨「白海豚媽祖宮」開始！

海洋生態環境教育基地：白海豚媽祖宮

在古色古香、遊客如織的鹿港老街，曾有個「綠色主張工作室」，是著名環保人士粘錫麟所成立的。他曾經參與過反杜邦、五輕、李長榮化工、彰工火力電廠、國光石化等環境相關運動，並獲頒「環保貢獻獎」。

2013 年，粘錫麟逝世，媽祖魚保育聯盟創辦人陳秉亨，為了傳承守護在地生態精神，整修沒有屋頂的工作室，創立第一代白海豚媽祖宮——「白海豚媽祖宮—粘錫麟紀念館」，成

為「最環保的媽祖廟」。「綠色主張工作室」自此變身，和台灣白海豚有了連結，讓民間的「媽祖魚」，也就是台灣白海豚，成為維護在地生態的指標及象徵；帶著媽祖娘娘救助眾生的願力，希望能藉由實體活動展館，擴大保育的力量，將這裡做為海洋生態環境教育基地，為民眾介紹台灣白海豚的生態知識，讓大家更認識牠的生長環境及生態危機。

2021 年，台灣蠻野心足生態協會和台灣媽祖魚保育聯盟共同租下鹿港中山路 102 號的百年古厝，打造第二代「台灣白海豚媽祖宮」，除了與台灣白海豚相關的環境教育，也成為地方社區總體營造的重鎮，結合媽祖信仰與在地文化風俗，讓「生態」藉由「人文」的方式，走進人心，深耕社區（註3）。希望到訪者藉由這個場域，認識台灣白海豚，以及可能對牠造成的生態威脅，期待從認識台灣白海豚到省思，進而付諸行動，為自己和萬物創造更美好的家園。

「台灣白海豚媽祖宮」除了有駐館人員導覽之外，更透過「白海豚講師外送平台」，前進校園，進行海洋環境教育。2022 年，就前往 16 所彰化縣的國中小學，向學生介紹台灣白海豚以及牠面臨生存危機，希望環保意識從小扎根，未來成為決策者或是行動者時，從日常生活中落實愛護台灣這片土地萬物的根本。

 採訪撰文

　　　　特別章　　守護媽祖魚，等於守護台灣西海岸生態

看見媽祖魚，守護台灣白海豚！

　　媽祖魚不是魚，而是一種居住在淺海水域的海豚——「台灣白海豚」。聽到媽祖魚一名，大家或許會聯想到媽祖信仰。故事是這樣的：每年農曆 3 月媽祖誕辰時，吹襲台灣海峽的東北季風漸漸轉弱，湛藍平靜的海面上，常可見到台灣白海豚出水換氣的雪白身影。海上作業的漁民認為牠們是來向媽祖祝壽的，便取了個融合媽祖信仰與庶民觀察的暱稱——媽祖魚。

註 1：鯨豚為何迷航。

註 2：海洋竹南風電場為台灣第一個離岸風場開發案，違反環評承諾，2019 年做環保署裁罰 150 萬元。資料來源：公視新聞網。

註 3：位在彰化鹿港的「台灣白海豚媽祖宮」以守護海洋生態環境教育為職志，除了監測台灣西海岸的指標生物台灣白海豚之外，也主動出擊舉辦環境教育講座和活動（敬海淨灘、袋袋相傳、白海豚加水站等等）、串聯鹿港廟口商家成為友善環境小站、推廣在地「不塑鹿港」運動，甚至興辦「鹿港學台語講堂」等多元活動。

現在的我

究竟，Who Is 文魯彬？

我又開始吃肉了。

1989 年開始，本來基於健康因素的考量，我不宜吃肉；後來看了很多相關的書，考量到人道、環境等種種問題，這 35 年來，雞鴨牛羊豬我一律謝絕，盡量吃在地、當季食物。原本堅持非常嚴格的蔬食、而且無油烹飪的料理。就算是沙拉，也不加任何植物油，我只用芥末、豆腐、酪梨、大蒜、檸檬等天然食材來搭配。2002 年大病初癒之後，醫生建議我多吃一點海鮮補充蛋白質，所以我開始增加魚類海鮮的攝取。

而現在，我開始吃肉。

我不再在乎健康、不在乎人道。

不喜歡以優越感的環保給人壓力

更確切地說，不是不在乎，而是有一種無力感。而那種無力感，來自於儘管努力了 20 年，但是我發現了解我的人，幾乎是零。所以我想試試看，因為大家都說肉很好吃（有些的確

很好吃），如果吃下去了，能早點脫離苦海、離開這個痛苦的世界。及時享受美味，也是一種選擇。

其實吃素，不見得對地球的負面影響比較少，必須檢視食物的生命週期（包含食物哩程、成分來源、碳排放量，以及例如砍伐雨林、種植棕櫚，加工提取棕櫚油造成的生態影響）。

我觀察到很多人很環保，是一種「有優越感」的環保：我們自我要求、以身作則，不用紙杯、降低一次性消耗品使用等，避免造成環境負擔，但可能陷入無意識地批判他人，讓周遭感到壓力。包括過去的我，有時候也會犯這樣的謬誤，這也是我所不喜歡的我。

政府只把節減碳的責任推諉給個人，卻未直視問題根源

大約 12 年前（2011 年底），父親生病、我回到美國陪伴雙親。這一趟，打破了我多年來不坐飛機的堅持。也因為要照顧年邁的長輩，我意識到：那些開車、使用塑膠袋、大量消耗一次性衛生用品的行為，雖然看來很不環保、違背我的理念，但對於必須照顧家中有小孩、長輩的家庭（尤其是對那些經濟、時間條件相對不寬裕的朋友而言），的確相當方便。而且有多麼地重要，誠然是個議題。

我也早早就發現，這是一個不負責任的年代。政府一方面大力宣導環境保護、節能減碳，諸如倡導不要燒金紙、不要放

鞭炮、中秋節不要烤肉，甚至近年來限用塑膠吸管、2023 年起六都飲料店禁止一次性塑膠杯，把節能減碳的責任推諉於個人，加深彼此譴責與群體焦慮。

相對之下，政府自身對「問題根源」卻毫無積極禁絕，持續提供其廉價的水、電、土地、租稅等割地賠款式優惠；另一方面更放任各種開發案的通過，完全不在乎任何一項「開發」，就能把所有台灣兩千三百萬人在環境保護上的努力全數抵銷。

如果公司是以營利為目的的法人，誰來為因營利而掠奪環境的行為負責？公司法的第一條，明定「本法所稱公司，謂以營利為目的，依照本法組織、登記、成立之社團法人。」我毫不懷疑，每一個人（包括「經營之神」、台塑集團創辦人的王永慶）都關心環保，但是那些以營利為目的「法人」（註），並不等同自然人，因為獲取最大利潤，就是「法人」與生俱來的基因：以貪婪為本、追求利益為依歸，無感於對他人與環境造成的傷害，持續將內部成本外部化，對地球進行掠奪。

面對行為惡質的「法人」，我們不僅無法將他逮捕、抓進牢獄關起來，甚至這些企業、法人還得以透過精密的形象廣告宣傳，讓我們還對其產生難以分割、親如己身的認同。在全球化的合作保護傘之下，各國政府也拿他們愈來愈沒有辦法。所以環境運動的重點，不能搞錯對象、抓錯問題的根源。我們應該把時間、資源，放眼在更具架構性的格局上，監督資源的取

得與分配，而非譴責個人行為。

　　我來自一個「消費至上」的國家，所以我深知這些法人與政府的伎倆，也許能夠預測未來。這也是為什麼自 2007 年 11 月 7 日那天、我在環保署被毆打之後，更為積極投入綠黨、以及公共參與。面對架構性的問題，要不我們需要金錢資源、做出創造性的選擇；要不我們必須擁有權力、反轉遊戲規則，現況才能改變。

究竟，who is 文魯彬？

　　當我的朋友吹噓他有多少次性經歷時，我回答：我認為的性行為，主要是關於「連結」：與自己所處的環境建立聯繫，而這個環境是由樹木、海洋、荒野、海豚、人們等共生組成。如果能夠建立連結，我們或許可以說，可能一天有二十四小時都在進行性行為。

　　我的朋友、現居瑞士的榮格學派心理師，曾經提過對我的觀察，「文魯彬是我所見過的人中，唯一一位，腦袋裡同時有正反兩方共感存在的人。」或許他對我的了解，可能比我對自己的了解，來得更多。

　　因此想要探究，「究竟，who is 文魯彬？」

　　我可能會回答：I am whoever you want me to be.

　　猶如卡繆（Albert Camus）在《異鄉人》（The Stranger）

一書所傳達的概念：也許，我們未曾發現生命是一連串偶然與陰錯陽差的荒謬組合。儘管我們眞眞切切地活著，別人仍無法客觀地認識你，而是以他的想法來評斷你。

如果這本書，可以把我的一些想法，傳達給更多的朋友，認知到某些價值觀有調整的必要性，進而更珍惜我們原有的環境，那麼，我也會覺得自己有點價值。那些對我的任何詮釋，都不會成爲期待或罣礙。

那麼，就這樣吧！接受 "I am whoever you want me to be." 正是我對自己眞正負責任的展現。

註：請參照紀錄片《企業人格診斷書》（The Corporation）中文版DVD，導演馬克．阿克巴（Mark Achbar），同喜文化發行（本片於 2003 年推出。中文版本由台灣蠻野心足生態協會，2007 年首度引進臺灣發行）。

執筆者後記

關於「台灣蠻野心足生態協會」的二三事

　　走入一處「文明」叢林，冷酷嚴峻。行者，正歷經最黑暗的試煉。

　　我們持續接收西方文明最糟糕的部分：進步、效率、速度，無一不成為衡量的標準。於此同時，自然資源隨之被急速掠奪，原始經濟型態與文化為之毀壞。

　　我們終於從野蠻落後，步入到先進「文明」，一度欣喜若狂。然而，文明並不等同文化。不顧一切追求經濟發展、偏離生命本質，直至走上歧路：山河變色、家園奄奄一息，徒留地球無法承受之痛。是否，我們正走往天堂的路上？

在文明與野蠻之間

　　「台灣蠻野心足生態協會」（以下簡稱「蠻野」）創辦人文魯彬，1977 年來台生活，躬逢其盛見證台灣重大社會變化：從以農養工，到經濟起飛、由窮而富。自戒嚴走向民主，言論解禁、百花齊放。從自給自足，朝往自由貿易化市場，逐步陷入糧食依賴。從節儉環保、知足常樂，走向消費主義、愈多愈好。

　　清澈聽見，那道來自心靈深處的空谷迴音。2003 年文魯

彬放棄美國籍、正式創立「蠻野」。近 20 年來，蠻野幾乎無役不與，參與台灣各式環境運動奮戰。那是橫跨半世紀前後的「文明」現代化浪潮，招致而來的浩劫傷痛。翻開蠻野的奮鬥日誌，隱隱等同於台灣環境巨變的一頁滄桑史、當代環境運動史，不禁為之哀傷垂淚。

持續為台灣尋根、為文明找尋出路

正因為珍視台灣的美麗，所以不願望向未來可見的哀愁。正因為眼見美國過度開發、浪費思維造成的環境災難，得能預見總以美國作為標竿的台灣環境未來。

我們期許的「蠻野」，意味「未被馴服」，更期待保有和萬物共生的能力。而「心足」，不只是「滿足之心」，既是有心念（想法理念）、更具備行動實踐（足）。告別人定勝天的思維，還原曾有的多元豐美，嘗試替未來留住現在。

讓我們盡其所能，持續為台灣尋根、為文明找尋出路。

關於「台灣蠻野心足生態協會」

● **創新性**：台灣第一個「公共利益」為法律訴求的永續性團體
　法律，是現代社會的遊戲規則。透過法律專業，積極挑戰「犧牲環境以換取短期政經利益」的不合理作為。即便面對行政體系凌駕司法、財團與環境團體，但基於「環境保護」優先、

永續立場，藉由環境訴訟，得救濟現有制度之窮。

找回失落之環境正義與程序正義。找回被竊取的（世代）代間正義、（物種）物間正義，推動環境運動轉型。

● **典範性：為弱勢賦權發聲，搭建橋梁平台，風起雲湧**

解放「法律，是有錢人的專利。」從亞泥案的太魯閣族原住民、中石化戴奧辛污染居民受害者、受迫於政商不當開發的土地農友、倡議漢生病友居住的樂生療養院保存，以及為不能說話的藻礁物種、台灣白海豚……，爭取應有尊嚴與權利。

20 年前，願意投入環境公益的律師甚少，或各自單打獨鬥。由蠻野當仁不讓、或擔任橋梁，尋求串連引介各地律師公會、法律扶助基金會共同參與、並肩作戰。而後，更直接孕育促成「環境法律人協會」平台，召喚更多懷抱夢想及理想的律師、司法官、教授學者及法律系學生陸續投入。結合環境律師、環保運動，帶動風起雲湧，拉高環境議題能見度，著力程度愈加深廣，喚起大眾環境意識。

● **影響力：功成不必在我，捲動社會討論**

一般人上法院打官司，都希望勝訴，但「蠻野」的理念不全然如此。創辦人文魯彬常說「最好不要訴訟，但不排除訴訟。」因為往往訴訟對象（如財團、政府）的資源，比起我方多上數倍！但一旦進入訴訟，重點未必是勝訴，而是如何

透過訴訟凸顯問題。

提請環境公益訴訟，功成不必在我。除了為受害人（或物種）爭取應有尊嚴，更期為環境議題與公共利益等貢獻更上位政策，催促做出改革。檢視公益訴訟之成敗，並不端看個案輸贏，即使官司功敗垂成，但由於訴訟過程捲動更多公民能量加入社會討論，諸如中科三期、國光石化等案，增加了對開發單位的監督與壓力，此亦是「蠻野」進行公益訴訟最積極重要的意義。

● 社會改革工程：**監督環境政策、彰顯環境正義、尋找環境出路**

舉凡「國土保安」、「生態保育」、「環境影響評估」、「能源政策」、「礦業政策」、以及倡議「資訊公開，民眾參與」，力求打破黑箱、資訊公開，促進公民社會實踐、累積社會運動動能，並實質參與如催生「國土計畫法」、「海岸法」和「濕地法」，監督「農村再生條例」、「國家公園法」、「花東地區發展條例」，以及「礦業法」相關修法與制度改造。積極為環境傷害行為做出預防，進行源頭根本教育，透過出版《企業人格診斷書》、《卯上台塑的女人》、《血淚石油》、《滅頂家園》、《卯上麥當勞》等 DVD 等出版品，提供環境真相與反思見解。辦理「蠻野講堂」、非核街講、延伸推動社會企業「呷米蔬食餐廳」，推動綠色生活與永續教育，改變社會整體價值結構。

● 開創性：以環保外交，提升台灣國際能見度

發起串連催生「台灣媽祖魚保育聯盟」，長期深耕「台灣白海豚」保育議題：涵括鯨豚保育、離岸風力發電與非核家園、永續漁業，拉高海洋文化視野。

首度倡議「台灣白海豚」為特有亞種，連結國際資源與台灣在地團體，以環保外交奔走國際。獲國際自然保護聯盟（IUCN）、美國國家海洋暨大氣總署（NOAA）等國際保育機構熱切迴響，提升國際能見度。期以全球永續觀點，促動台灣海洋政策與國際連結。

● 台灣環境運動史：持續堅持，數十年如一日

蠻野的工作日誌，隱隱等同於台灣環境巨變的一頁滄桑史。從北到南、由東而西，無役不與的每一場奮戰，映照台灣半世紀以來的環境巨變、近 20 年來文明社會的挑戰與變化，見證著浩劫下帶來的蒼涼傷痛。

日復一日在崗位上持續堅持，替未來世代留下「友善環境」的判決、判例，上位性倡議的實質修法成果、環境法治概念知識傳播，為台灣不可磨滅的環境運動史、環境訴訟史，留下紀錄。

　　一份致台灣，最哀傷、卻又最珍貴的禮物。冀望滄桑就此停筆。不再繼續。

梁璦丹 撰文

台灣蠻野心足生態協會網站

 台灣蠻野心足生態協會臉書

延伸閱讀:《企業人格診斷書》（The Corporation）中文版 DVD，導演馬克‧阿克巴（Mark Achbar），同喜文化發行。

延伸閱讀:《卯上台塑的女人》，黛安‧威爾森著（Diane Wilson），台灣師範大學翻譯研究所筆譯組、賴慈芸教授譯，台灣蠻野心足生態協會出版。

延伸閱讀:《血淚石油》（Total Denial）中文版 DVD，Milena Kaneva 製作，台灣蠻野心足生態協會出版。

延伸閱讀:《滅頂家園》（Drowned out）中文版 DVD，Franny Armstrong 製作，台灣蠻野心足生態協會出版。

延伸閱讀:《卯上麥當勞》（McLibel，中文版 DVD，Franny Armstrong 製作，台灣蠻野心足生態協會出版。

附錄

文魯彬大事記

1977 年 　　・首度來台，被這塊土地的自然生態及人文深深
　　　　　　　吸引而停留

1989 年 　　・開設「喜茂顧問社」
　　　　　　　・與蘇煥智合署辦公

1990 年 　　・參與 WTO 相關商務談判

1992 年 　　・和顧立雄律師等創辦的「勤茂法律事務所」業
　　　　　　　務合作
　　　　　　　・在台和洪美華結婚

1994 年 　　・和謝震武、黃徹文律師等創辦的「齊麟國際
　　　　　　　法律事務所」業務合作

2002 年 　　・與雷憶瑜律師等夥伴創辦「博仲法律事務所暨
　　　　　　　外國法事務律師事務所」，為台灣第一家由台
　　　　　　　灣律師及外國律師合夥組成的法律事務所
　　　　　　　・罹患第三期肺腺癌

2003 年 　　・前往花蓮休養後，癌腫瘤奇蹟消失
　　　　　　　・擔任太魯閣國家公園英語解說員
　　　　　　　・翻譯《台灣原住民神話與傳說》（中翻英）

我是文魯彬，我是台灣人

244

- 放棄美國國籍，歸化中華民國國籍
- 成立「社團法人台灣蠻野心足生態協會」

2004 年
- 太魯閣族反亞泥還我土地案
- 第一次台灣白海豚國際工作坊
- 策畫審訂《認識台灣歷史》英文版

2005 年
- 行政院環境保護署聘任為第 6 屆環評委員

2006 年
- 擔任環評委員
- 開始投入保護西海岸生態、守護台灣白海豚
- 中科三期環評行政訴訟案
- 反對興建湖山水庫
- 提議社運團體應該成立「退出 WTO」聯盟

2007 年
- 結合環保團體向環保署舉發美麗灣違反環評規定
- 北投纜車弊案爆發後，與環團共同提出「馬上解約、馬上停工、馬上撤照、馬上環評」等四點訴求
- 關切風倒櫸木案，走訪司馬庫斯部落
- 第二次台灣白海豚國際工作坊
- 卸任環評委員
- 蘇金煌毆打事件

2008 年
- 陸續申請、請願劃設藻礁保護區

2009 年
- 擬參選台北市第六選舉區立法委員缺額補選，因歸化年限不足而未果
- 關切土城彈藥庫生態與開發

2010 年	・ 元利都更案（和平東路／金山路口），爭取容積合理分配與日照權
	・ 10 月台灣蠻野心足生態會遷移至懷寧街
2011 年	・ 中科四期案，第一個撤銷區域計畫開發許可勝訴的案例
	・ 反國光石化
	・ 參加樸門 PDC 認證課程（Permaculture Design Course）
2012 年	・ 在美陪伴家人、母親過世，陪伴父親走訪兄姊
	・ 全球綠人會議
2013 年	・ 籌劃並成立「呷米蔬食餐廳」、關切土地小農議題
	・ 非暴力溝通課程
	・ 聲援「樂生保留自救會」與「青年樂生聯盟」舉行的樂生遊行，以「六步一跪」苦行隊伍直達凱道
2014 年	・ 參與太陽花學運
2015 年	・ 決定代表綠黨參選立委（士林、北投）
	・ 因黑函攻擊而退選
	・ 結合環保團體力量，嚴格監督離岸風電
	・ 退出博仲法律事所
2016 年	・ 前往澳洲參加亞太綠黨培訓

2017 年
- 香港白海豚保育會議
- 舉辦「離岸風機・聲學・台灣白海豚保育」國際專家會議暨論壇
- 與環團共同請願搶救大潭藻礁

2018 年
- 參加「加拿大白海豚國際顧問團」會議
- 參加「反深澳燃煤電廠」

2019 年
- 於苗栗、台中，彰化、雲林執行台灣白海豚保育教育推廣計畫（受海洋委員會國家海洋研究院委託）
- 台灣白海豚保育教育與陸地觀測訓練
- 「民間版台灣白海豚復育計畫」立法院公聽會記者會
- 辦理離岸風力發電環評會議

2020 年
- 離岸風力發電施工討論會議

2021 年
- 出海監測離岸風力發電施工情形
- 接手經營「白海豚媽祖宮・粘錫麟紀念館」

2022 年
- 8 月台灣蠻野心足協會遷移至杭州南路一段 63 號

2023 年
- 推動制訂水下噪音標準
- 推動「海洋三法」
- 推動白海豚在地連結計畫
- 參與「守護外木山行動小組」

我是文魯彬，我是台灣人

永續台灣守護者，聆聽大自然千百萬年的聲音

口　　述：文魯彬
採訪整理：梁瓊丹、孫沛芬

發 行 人：陳憲政
編輯顧問：洪美華
編輯小組：黃信瑜、何　喬
　　　　　楊士慧、蔡雅瀅、郭佳雯
美術設計：陳璿聲
封面設計：盧穎作
出　　版：台灣蠻野心足生態協會
代理發行：幸福綠光股份有限公司
地　　址：台北市杭州南路一段 63 號 9 樓之 1
電　　話：(02)23925338
傳　　眞：(02)23925380
網　　址：www.thirdnature.com.tw
E-mail：reader@thirdnature.com.tw

印　　製：中原造像股份有限公司
初　　版：2023 年 9 月
郵撥帳號：50130123 幸福綠光股份有限公司
定　　價：新台幣 380 元（平裝）

總經銷：聯合發行股份有限公司
新北市新店區寶橋路 235 巷 6 弄 6 號 2 樓
電話：(02)29178022 傳眞：(02)29156275

國家圖書館出版品預行編目資料

我是文魯彬，我是台灣人：永續台灣
守護者，聆聽大自然千百萬年的聲音
／文魯彬口述，梁瓊丹、孫沛芬採訪
整理 -- 初版 . -- 臺北市：幸福綠光，
2023.09
面；　公分

ISBN　978-626-7254-25-7（平裝）
1. 文魯彬 2. 台灣傳記
783.3886　　　　112012421

▼代序二

讓影像說話
走進文魯彬的世界

▌幼兒時期。

▌少兒時期。

▌全家福照片。被母親環抱的就是
小時候的文魯彬。家中有兩位兄長,
一位姊姊。

■ 青年時期。

■ 和朋友一同出遊，當時文魯彬一
派嬉皮作風（左邊第二位）。

■ 剛來台灣的時期。

▋與家人合影於亞利桑那州父母住處。

▋與家人合影。

▋「文魯彬」的中文名字，就是在美國就讀漢學系時老師取的（文魯彬位在最末排中間往左數第二位）。

■ 來台後，非常融入台灣生活。

■ 與父母到香港觀光，
在香港最高法院前留影。

■ 擔任台灣卡地亞顧問時期，與林志玲、
王聖芬等模特兒合影。

■ 萬國法律事務所時
期，留鬍鬚的文魯彬。

■ 擔任美僑商會理事期間，率團參加美國「叩門之旅」（doorknock）
前夕，拜訪李登輝總統、連戰副總統。

253 —— 讓影像說話　　　　　　走進入文魯彬的世界

▎與博仲的同事出遊。

▎與太太洪美華的親友餐聚
（右邊第一位是太太洪美華的母親）。

▌ 返美與家人歡聚（由左至右，前排母親、大嫂；中排：文魯彬、二哥、父親、姊姊、美華；第三排：二哥長子、二嫂、姊夫、大哥）。

▌ 與陳耀昌醫師、若林正丈教授訪視撒奇萊雅火神祭，《傀儡花》所書現場。

▌ 在社區咖啡巧遇何宗勳。

▌到花蓮參與聲援反亞泥運動（太魯閣族人田春綢女士，後來擔任「反亞泥還我土地自救會」理事長；中為環保聯盟花蓮分會會長鍾寶珠）。

▌讓原住民回到自己的土地，保留原民傳統文化、在地共生參與，就是環境保護與復育（conservation）的最重要課題。

▌每年 6 月 5 日是台灣環境日，2005 年的活動主題是「我要活下去　為環境而走大遊行」。

▌2007 年，「反蘇花高」運動捲動了許多團體和意見領袖參與，讓民眾了解開發一條高速公路是不可逆且無法補償的破壞（由左至右，意見領袖嚴長壽、荒野保護協會李偉文、中研院經濟研究所蕭代基教授）。

松菸護樹抗戰，參與團體以「松菸公園催生聯盟」為首，以及蠻野心足生態協會等多個環保團體及護樹志工齊心力抗財團。

2005 年環保署聘任為第 6 屆環評委員，常與夥伴們一起破解環評報告書的弦外之音。

▌2009 年 3 月，青年勞動九五聯盟與蠻野心足生態協會共同舉辦「面對失業，底層人民的另類出路」座談會。

▌在 2011 年獲推選為「全球台灣綠人之友會」理事長，期望藉由國際社群參與，帶回進步的綠色思想，推動社會的改變。

讓影像說話　　　　走進入文魯彬的世界

如果可以選擇的話，文魯彬都盡量不穿鞋。不論在辦公室、或在野地，能不穿，就不穿，盡量接近土地，用腳感受到大自然在呼吸。

文魯彬和他的蠻野心足夥伴們。

▌ 我愛台灣白海豚，此生都以守護牠生長的海域環境為職志，一隻都不能少，復育更是刻不容緩。

▌ 台灣白海豚復育目標有三個步驟：一、止跌不再減少；二、回升而持續穩定增加；三、脫困而不再是瀕臨絕種生物。

▍在屋頂種滿花草、青菜，工作累了可以上去放鬆找靈感、甚至體驗農耕，也做為昆蟲、鳥類等生物覓食休憩生活的空間（博仲臉書）。

▍2023年夏天隨鯨豚學者出海研究白海豚。

▌ 博仲事務所長期支持的夥伴「輝要無毒農場」團隊，來博仲辦公室分享有機栽種的經驗（博仲臉書）。

▌ 「呷米蔬食餐廳」是一個環境倡議的餐飲事業，在台灣走透透就是為了尋找有同樣理念的小農，感謝現在的營運者王淑珍以倍數化的熱情、經驗參與（呷米臉書）。